“1+X”青少年劳动教育项目开发与实施职业技能等级证书配套教材
职业院校劳动教育新形态一体化教材

劳动教育与职业发展

■ 主　编　李　珂　汪　鑫
■ 副主编　李悦群　张红涛

高等教育出版社·北京

内容提要

本书是“1+X”青少年劳动教育项目开发与实施职业技能等级证书配套教材，也是职业院校劳动教育新形态一体化教材。

本教材根据中共中央、国务院印发的《关于全面加强新时代大中小学劳动教育的意见》和教育部印发的《大中小学劳动教育指导纲要（试行）》编写而成。全书共分四个模块十二个单元，围绕学生的劳动价值引导、劳动精神面貌改善、劳动技能养成、职场劳动知识积累等阐述了劳动的理论知识与实践应用，从劳动锻炼走向工作岗位，做高素质新时代劳动者。每一单元通过“言”之有“理”、“求”之有“道”、“行”之有“效”、“思”之有“得”四个模块，从名人名言、理论知识、实践案例、问题思考等内容学习，帮助学生把握劳动教育的基本内涵，树立积极向上的劳动观，践行劳模精神、劳动精神、工匠精神，培育遵纪守法、诚实守信等优良品质，掌握必备的劳动技能，了解劳动关系、劳动法律、劳动安全、劳动心理等工作中经常应用的劳动知识，提升整体劳动素质，做有职业理想、有扎实本领、有积极担当的时代新人。

本书既可作为职业院校劳动教育必修课程（不少于16学时）的教材，也可作为相关劳动教育培训的学习读物。书中劳动案例典型，数字化学习资源丰富，方便读者自学。

总序

2021年是中国共产党成立100周年，也是实现第一个百年奋斗目标，并向第二个百年奋斗目标勇毅迈进的关键之年。中国共产党的百年党史，是一部中国共产党领导全国各族人民的劳动奋斗史，也是一部中国共产党人不断丰富和发展马克思主义劳动解放思想的理论探索史。

教育与生产劳动相结合一直是我们党的教育方针的重要内容。进入新时代，劳动教育在我国教育体系中的地位显著提升，成为高质量教育体系建设中必不可少的一环。在2018年全国教育大会上，习近平总书记就新时代加强劳动教育进行了系统阐述，并提出了明确要求。2020年3月，中共中央、国务院印发《关于全面加强新时代大中小学劳动教育的意见》（简称《意见》），成为全面加强劳动教育的重要里程碑；2020年7月，教育部印发《大中小学劳动教育指导纲要（试行）》（简称《指导纲要》），为大中小学一体化实施劳动教育提供了明晰的行动指引；2021年4月，“教育必须为社会主义现代化建设服务、为人民服务，必须与生产劳动和社会实践相结合，培养德智体美劳全面发展的社会主义建设者和接班人”被写进新修订的《中华人民共和国教育法》，为劳动教育的法制化实施提供了法律保障。这一系列关于劳动教育重磅文件的陆续推出，充分彰显出以习近平总书记为核心的党中央着力补齐劳动教育短板，构建德智体美劳全面培养的教育体系，形成更高水平人才培养体系的坚定决心与系统谋划。

新时代开展劳动教育既需要升级提高，又需要广泛普及。全国教育大会以后，我们欣喜地看到，一大批关于劳动教育的课程教材、实践基地、科研成果纷纷落地，这让我们在时不我待的紧迫感和使命在肩的责任感中备受鼓舞、倍感振奋。由中国劳动关系学院李珂研究员、汪鑫博士担纲主编的《劳动教育与职业发展》，与国际项目管理协会IPMA中国青年委员会CYC副主席郭雅担纲主编的《劳动教育与能力评价》是教育部“1+X”项目中唯一以劳动教育为主题的职业技能等级证书——“青少年劳动教育项目开发与实施”的配套教材，也是一套“知识+实践”系统化设计、有机衔接的职业院校劳动教育新形态一体化教材。本教材是以劳动教育为专题、专门为职业院校系统性开展劳动教育而精心编写的教材，也是一次推进职业院校高质量劳动教育体系建设的积极尝试。

结合多年来从事高等教育管理工作和劳动教育教学研究的体会，在仔细研读了整套教材以后，我认为本教材有以下三个鲜明特色，在此，愿与学界同仁、广大职业院校学子分享推介。

一是政策解读权威。劳动教育事关治国理政、事关强国富民、事关立德树人。教材基于对《意见》和《指导纲要》的深刻领会和准确把握，立足正确的政治方向、舆论导向和价值取向，体现出政治的高站位。两个文件从顶层设计的高度对不同学段、不同类型学生开展学校劳动教育提出了不同要求。对标“职业院校以实习实训课为主要载体开展劳动教育，其中劳模精神、劳动精神、工匠精神专题教育不少于16学时”的明确要求，结合《国家职业教育改革实施方案》要求，上下册教材编写团队紧扣职业院校开展劳动教育的目标，进行一体化编排设计，精心打造书证融通、课证融通的教材。将职业技能等级标准有关内容及要求有机融入教材内容，发挥劳动教育综合育人功能，很好地实现了“德智体美劳”的有机融合，有助于广大学子在接受劳动教育过程中树立马克思主义劳动观，增强职业荣誉感和社会责任感，自觉提高职业劳动技能水平，养成积极向上的劳动精神面貌和认真负责的劳动态度。

二是设计理念先进。新时代劳动教育是劳动精神面貌教育、劳动价值取向教育、劳动技能水平教育的“三位一体”的教育。相比中小学和普通本科高校，职业院校的劳动教育应该突出职业性，面向未来职业岗位与职业发展实施劳动教育。本套教材作为首部劳动教育专题的“1+X”教材，开发设计采用了服务教学与培训双轨的指导理念。在知识传授方面，突出人才培养的复合型。“1+X”证书制度体现了职业教育的重要特征，是服务职业教育的良好载体和有力抓手。教材作为知识与技能的载体，是落实“1+X”证书制度至关重要的一环。教材上册以教书育人为目标，促进学生德智体美劳全面发展，重点阐释劳动价值导向、劳动精神面貌、劳动技能养成、职场劳动知识等内容，帮助学生获得专业知识和学分、习得专业技能、取得学历证书；教材下册以促进就业为目标，重点教授劳动教育项目的开发与实施的内容阐述与实际操作，培养学生成为掌握职业技能、获得职业技能等级证书的复合型人才。在功能使用方面，突出应用场景的一体化。教材编写过程中，充分考虑读者意识和服务意识，根据职业院校劳动教育特点，以师生的切实需求为出发点，采用模块化的编写方式。注重各章内容学理性与实用性有机统一，更加强调知识的普及性、学理的通俗性、案例的针对性、篇幅的适中性。上下册内容既有呼应，又互为补充；既能作为专业教学用书，又能作为考证培训用书；既是一套一体化教材，又能实现教学过程与生产过程、教学过程与职业技能培训过程一体化，推动学分互认、效力同等。

三是**版式体例生动**。本套教材在体例设计上遵循“逻辑图表化、概念精准化、任务直观化、版式生动化”的创编理念，力求图文并茂、语言生动，贴近职业院校学生的认知特点和阅读习惯，充分体现出定位精准、生动易读的鲜明特色。在内容呈现上，通过选取与技能学习、职业岗位密切相关的名人警句、劳动知识、政策要点、典型案例，提炼出具有一般性、普遍性的育人规律，既覆盖专业教学标准、课程标准中明确规定的“主要教学内容”，又覆盖国家职业技能等级标准中的“职业功能”与“主要内容”，为职业院校学子顺利走上职场提供系统的知识储备。在结构安排上，上册各单元巧妙设置“言”之有“理”、“求”之有“道”、“行”之有“效”、“思”之有“得”四个栏目，普遍采用“理论+案例”的呈现模式，课后设置了思考问答题，增加了教与学的互动性。下册采用系统思维与逐项落实学习相结合的方式，在发挥单项、简易、灵活方便的优势的同时，加入系统系、全局性、创造性思考。在印制形式上，采用活页教材版式，上下册、各单元既紧密联系又可独立成章，方便教师和学生根据实际需要，进行便携式、多场景学习使用。在资源拓展上，积极顺应数字化融合新形态教材建设趋势，以二维码形式链接了相关音频、视频、阅读材料、课后习题等拓展资源，便于师生在更多真实应用场景中增加对教材内容的理解，也为有兴趣探究的师生提供了更为丰富的研究资料。

在就业观日趋多元的当下，衷心希望本教材能够为高职院校开齐、开足、开好劳动教育必修课提供有力支撑，服务好“1+X”项目开展，引导广大职业院校学子在习得劳动技能和劳动知识过程中，逐步树立起正确的劳动价值观，进而成长为劳动精神面貌好、专业技能水平高、自主创新能力强的新型高素质劳动者。一本好教材的诞生，不仅需要编写团队的精心付出，也需要在教师和学生实际应用中予以检验。希望作者团队能够常学常新、与时俱进，根据教材使用效果和有效反馈，及时修订完善，进一步加强数字资源的同步建设，扎实践行“一书一课一空间”的理念，为推进新时代劳动教育高质量发展作出更大贡献。

是为序。

刘向兵

中国劳动关系学院党委书记

中国高等教育学会劳动教育专业委员会理事长

前言

2018年9月10日，习近平总书记在全国教育大会上强调“培养德智体美劳全面发展的社会主义建设者和接班人”“要在学生中弘扬劳动精神，教育引导学生崇尚劳动、尊重劳动，懂得劳动最光荣、劳动最崇高、劳动最伟大、劳动最美丽的道理，长大后能够辛勤劳动、诚实劳动、创造性劳动”。这些重要论述丰富了党的教育方针，为新时代大学生思想政治教育提出了新要求。全国教育大会后，党和国家越来越重视大中小学劳动教育事业，许多专家学者也展开了大量研究，发表了一大批有质量的学术著作。

本书深入贯彻全国教育大会精神，严格体现中共中央、国务院《关于全面加强新时代大中小学劳动教育的意见》要求，以引导职业院校学生树立积极向上的劳动观，正确理解劳模精神、劳动精神、工匠精神，培育其遵纪守法、诚实守信等优良品质。同时，从实践出发，让学生掌握必备的劳动技能，了解劳动关系、劳动法律、劳动安全、劳动心理等工作中经常用到的劳动知识，提升学生整体劳动素质，使学生真正懂得劳动创造价值、劳动创造幸福的道理，做有职业理想、有本领、勇于担当的新时代劳动者。

本书由中国劳动关系学院劳动教育学院（劳动教育研究院）

院长李珂研究员领衔，带领从事劳动教育教学研究的专业团队，遍览国内外相关文献，结合新时代我国劳动教育实际状况，在总结中国劳动关系学院近年来劳动教育经验的基础上，反复深入研究讨论，汇集集体智慧完成。全书共分为四个模块十二个单元，围绕学生的劳动价值引导、劳动精神面貌改善、劳动技能养成、职场劳动知识积累，阐述了劳动的理论知识与实践应用。

模块一劳动价值导向分为三个单元，从溯源中国优秀传统文化中的“劳动观”到循理马克思主义的“劳动观”，最后看齐习近平总书记的“劳动观”，循序渐进地让学生正确认识劳动，树立积极向上的“劳动价值观”。模块二劳动精神面貌，主要讲述“劳模精神”“劳动精神”“工匠精神”的丰富内涵。模块三劳动技能养成，主要从劳动助力学生职业发展的角度，阐明劳动发现兴趣、兴趣影响职业选择的道理。教授学生成功进入自己心仪的工作单位，从事自己喜欢的工作必备的求职技能。模块四职场劳动知识，主要是从劳动关系、劳动法律、劳动安全、劳动心理健康四个专题，为学生介绍工作场所中常用的劳动知识，拓展学生对将来工作环境的认识，提升其对自身劳动权益保护的能力。本书每一单元通过“言”之有“理”、“求”之有“道”、“行”之有“效”、“思”之有“得”四个模块贯穿始终，以名人名言、理论知识、实践案例、问题思考等多种形式，帮助学生深化对劳动教育的认识，实现从理论知识到社会实践，从学校到工作单位的有机衔接，真正提高学生的学习效果。

本书由李珂、汪鑫主编。本书各章作者分工如下：第一模块由李悦群负责；第二模块由张红涛负责；第三模块由汪鑫负责；第四模块由汪鑫、王岩磊负责，其中汪鑫负责第九、第十单元，王岩磊负责第十一、第十二单元。全书由李珂起草写作框架并进行统稿。

同时，本书的编写工作得到包括北京财贸职业学院、深圳职业技术学院在内的多所高职院校，以及北京丰台职业教育中心等多所中职院校的大力支持。作者团队通过校际学术交流与合作，积极将中高职学校在劳动教育方面的实验教学成果及时融入教材编写，突出职业教育类型特点，选取深化产教融合、校企合作的典型案例，体现项目学习、案例学习等多种学习方式。综合吸纳本科院校和中高职院校在开展劳动教育方面的特点和经验，实现资源优势互补的效果，也为进一步拓宽教材的使用面，以及教材迭代更新打下坚实基础。

在本书成稿付梓之际，感谢各位作者的辛勤写作，感谢学界同仁的鼓励支持；同时感谢高等教育出版社李聪聪老师不辞辛苦的编辑工作。恳请广大读者对本书提出宝贵的意见和建议。

编者

2022 年 3 月 20 日

目录

模　块　一

01 劳动价值导向

纵观悠久灿烂的人类文明史，劳动始终是推动历史车轮滚滚向前的根本动力。本模块通过回溯中华优秀传统文化中的劳动观、循理马克思主义劳动观、阐释习近平关于劳动的重要论述，深刻揭示劳动的本质和特点，充分阐述劳动的作用和意义，引导学生树立正确的劳动价值观，养成良好的劳动习惯，成为辛勤劳动、诚实劳动、创造性劳动的积极践行者。

第一单元

中华优秀传统文化中的劳动观

学习目标

素养目标

掌握中华传统文化中的劳动思想与历史渊源。

传承中华民族崇尚劳动、热爱劳动、辛勤劳动的优良传统（图 1–1）。

用辩证的思维看待优秀传统中的劳动思想。

知识目标

了解神话传说中的劳动态度。

了解文学作品中的劳动观念。

了解礼仪制度中的劳动教育。

了解家风家训中的劳动传承。

图1–1 劳动创造了人类文明

〔言〕×之有×〔理〕

言 **中国人民在长期奋斗中培育、继承、发展起来的伟大民族精神，为中国发展和人类文明进步提供了强大精神动力。**

——习近平

理 人民创造历史，劳动开创未来。在长期的奋斗实践中，中国人民书写出波澜壮阔的中华民族发展史，创造出博大精深的中华文明，培育出历久弥新的中华民族精神（图1–2）。中国伟大民族精神的形成与劳动人民的生产和生活实践以及中华民族崇尚劳动的传统文化密不可分。

在我国传统文化中，一向推崇对劳动实践的认同、对劳动精神的传承、对

图1–2 四川省博物馆汉像砖拓片，描述了中华民族早期劳动场面

劳动文化的传播。从远古时期钻木取火、夸父逐日、精卫填海等神话传说，到上古时代神农氏教民稼穑、尧帝定四季、大禹治水等劳动故事，说明当时我国已形成了重视劳动的优良传统。夏朝以降，各个朝代都坚持农业立国的基本国策，农业生产劳动更是为中国历代统治者所重视。

中国历代的礼仪制度、诗词歌赋、家训家风中也有许多关于劳动的内容，形成了勤劳善良、艰苦奋斗等民族性格特点。这些优秀的品质不仅铸就了绵延几千年发展至今的中华文明，而且始终贯穿于社会生产力的发展和劳动实践当中，深刻影响着当代中国发展进步，深刻影响着当代中国人的精神世界。

〔求〕×之有×〔道〕

求 **中国优秀传统文化中体现了哪些劳动的元素？蕴含着怎样的劳动情感，传递出什么样的价值取向？**

道 一、优秀传统文化中的劳动思想

劳动创造了人类文明。中国是世界最早的文明古国之一，有着悠久的历史文化。中华优秀传统文化是中华民族的根脉和灵魂，是凝聚民族认同的共同记忆。神话传说是传统文化的起源，它植根于日常生活土壤，反映了中华民族早期淳朴的思想，记录了先民们的劳动和奋斗史。

（一）神话传说中的劳动态度

在我国古代的神话传说中，劳动总是被推崇为高尚的事业。当时的领袖、圣贤无一不是劳动能手：燧人氏领导人民钻木取火，有巢氏领导人民构木为巢，嫘祖教人养蚕制衣，神农氏教民稼穑，黄帝制造兵器，大舜善于耕田……这些神话传说表明，在当时人们已经把劳动摆在了一个很高的位置上。故事中的主人翁心怀梦想、不懈追求，为了造福黎民百姓不畏困难、发明创造，塑造了一个个家喻户晓的英雄形象，成为中华优秀传统文化中的精神宝藏，激励了一代又一代中华儿女。

穿越古今

我们知道，在远古时代，人类改造自然环境的手段极其有限。相传大约在4 000多年前，中国的黄河流域洪水为患，淹没了大片田地，百姓流离失所。鲧、禹父子二人受命于尧、舜二帝，负责治水。鲧治水只顾筑坝围堵，用时9年大水仍没有消退。面对滔滔洪水，禹吸取了鲧治水失败的教训，改变了“堵”的办法，对洪水进行疏导。他和千千万万的先民一起，疏通了很多河道，引导洪水最后流到大海里去。历经13年之久，耗尽心血与体力，禹终于完成了治水的大业（图1-3）。通过这个传说我们看到了先民在大自然面前的弱小和无力，更领略到了一位带领人民艰苦奋战、最终战胜困难的英雄风采。面对强大的自然界，我们的祖先不仅没有屈服，反而有着征服自然的强烈愿望，并且为了实现这个愿望一代又一代、生生不息地努力着。大禹治水的传说在中华文明发展史上具有重要作用，治水过程中不仅体现出艰苦奋斗、因势利导、科学治水、以人为本的理念，禹“三过家门而不入”的传说也形成了公而忘私、民为邦本的中华民族精神源头。

图1-3 大禹治水

人们常说，古代神话是人类童年时代的产物。远古人民通过神话故事来表达人类认识自然、改造自然、利用自然的愿望。传统神话传说中，后羿射日、夸父逐日、精卫填海、愚公移山等都歌颂了心怀梦想、不懈追求的美好品质，他们或是为了理想信念而奋斗，或是为了追求平等而奋斗，或者是为了造福子孙而奋斗。这些动人的传说，礼赞了劳动，充分体现了劳动人民对自然的改造和对理想的追求，反映了中华民族早期改造和利用自然的伟大志愿，凝聚着自强不息、百折不挠的坚毅精神，形成了丰富的劳动思想。古代劳动人民的信心和顽强毅力，一直鼓舞着我们民族依靠辛勤劳动去进行改造自然和社会的伟大斗争。

（二）文学作品中的劳动观念

在中国古代社会中，农业是生产的基本模式，从事农业劳动是劳动的主要形式。中华民族崇尚劳动的优良传统在文学作品中表现得十分充分（图1–4），大量的诗词歌赋、谚语民谣都表达了以劳动为美的价值取向。诗歌的起源与劳动息息相关，远古先人的劳动呼声，可以说是最早的诗歌。这些朗朗上口的内容和优美的韵律，既能缓解单调、枯燥的劳动生活，又能激发人们的劳动热

图1–4 中国古代文学作品中有许多关于劳动的内容

情。中国古代文人撰写了许多关于劳动的诗篇，或表现辛勤劳动的场景，或表现对劳动人民的尊重和深切同情，或道出文人对于劳动的观点。

古代诗词中有男耕女织的劳动风俗。大家熟知的《诗经》就是一部记录西周初年至春秋中叶劳动人民的劳作情况和与劳作相关民俗风情的文学作品。那些描写农耕、采摘、捕鱼、浣纱、蚕桑、建筑的文字，仿佛一幅幅风俗画，让我们能够见证先民真实的劳动情景。比如名篇《国风·豳风·七月》按照季节的先后，从年初写到年终，从种田养蚕写到制衣打猎，从采藏果蔬写到凿冰酿酒，反映了四时不同的劳动内容，并记载了当时的农业知识和生产经验。《汉乐府》里也处处可见当时的劳动生活场景，《孔雀东南飞》中的刘兰芝“十三能织素，十四学裁衣，十五弹箜篌，十六诵诗书”；《陌上桑》中的女子秦罗敷“喜蚕桑，采桑城南隅”（图1-5）。这些反映劳动者生产与生活的诗篇，不仅反映了劳动人民是物质财富的创造者，也反映了劳动人民获得劳动成果的快乐和喜悦。

文海拾贝

七月流火，九月授衣。一之日觱发，二之日栗烈。无衣无褐，何以卒岁。三之日于耜，四之日举趾。同我妇子，馌彼南亩，田畯至喜。

七月流火，九月授衣。春日载阳，有鸣仓庚。女执懿筐，遵彼微行，爰求柔桑。春日迟迟，采蘩祁祁。女心伤悲，殆及公子同归。

——《诗经·豳风·七月》（节选）

图1-5 养蚕缫丝是古代女性重要的劳动技能

古代诗词中有辛勤耕耘的劳动场面。唐代诗人白居易的《观刈麦》生动描绘了麦收时节劳动人民的农忙景象：妇女领着小孩往田里去，给正在割麦的青壮年农民送饭送水。而正在田间劳作的农民，脚下暑气熏蒸，背上烈日烘烤，已经累得精疲力竭还不觉得酷暑难当，只是珍惜夏天白天时间长能够多干点农活。“锄禾日当午，汗滴禾下土。谁知盘中餐，粒粒皆辛苦。”唐代诗人李绅的这首五绝诗《悯农》，形象生动地描述了劳动人民在烈日当空的正午于田间辛勤劳动的情景，对后人有深远的教育意义：一粥一饭得来不易，千万不要浪费粮食（图1-6）。宋代诗人范成大的《四时田园杂兴》之一：“新筑场泥镜面平，家家打稻趁霜晴。笑歌声里轻雷动，一夜连枷响到明。”写出了农民趁着霜后晴天连夜通宵打谷的繁忙景象和他们通过劳动收获五谷的喜悦心情。诗人们扎根生活，用大量的笔墨反映劳动场景。古诗词里的劳动艰辛不易，却是人们赖以生存的条件。

文海拾贝

田家少闲月，五月人倍忙。夜来南风起，小麦覆陇黄。妇姑荷箪食，童稚携壶浆。相随饷田去，丁壮在南冈。足蒸暑土气，背灼炎天光。力尽不知热，但惜夏日长。

——唐·白居易《观刈麦》（节选）

古代诗词中有关切民生的劳动情怀。“长太息以掩涕兮，哀民生之多艰！”早在战国时期，楚国诗人屈原就在《离骚》中流露出对劳动人民艰难生活的同情。他虽然没有正面描写劳动人民的生产劳动，但心系劳动人民的情怀真挚感人。“可怜身上衣正单，心忧炭贱愿天寒。”唐代诗人白居易笔下的《卖炭翁》形象鲜明地勾勒出一个卖炭老人的艰辛，折射出当时普通劳动者在繁重的苛捐杂税压迫下悲惨的生活，饱含深切同情。“历览前贤国与家，成由勤俭破由奢。”在《咏史》中，唐代诗人李商隐道出了自己“以辛勤劳动为荣、以好逸恶劳为耻”的观点。“莫笑农家腊酒浑，丰年留客足鸡豚”，宋代诗人陆游劝世人乡下的酿酒工艺也许不算精湛，但劳动成果值得珍惜和尊重。“富贵本无根，尽从勤里得”明代文学家冯梦龙认为所有的富贵荣华，无不是从艰苦的劳动中创造出来的。这些文学作品都深刻地反映了中华优

图1-6 珍惜粮食是中华民族的传统美德

秀传统文化中对劳动的尊重和认同，成为中华民族劳动意识、劳动价值和劳动情感的重要方面。

除了诗歌作品，轮扁斫轮、铁杵磨针、鲁班造锯等文学典故也鼓励劳动者持之以恒、精益求精、发明创造。这些共同的文化认知融汇贯穿于中华民族的历史血脉中，最终形成了中国人民热爱劳动、崇尚劳动的精神和勤劳朴实、吃苦耐劳的品质。

二、劳动思想的实践传承

中华民族传统文化中关于劳动的思想和勤劳朴实的优良传统在实践中得到不断丰富和发展。其中，历代礼仪制度中有许多关于劳动的内容。这些日常礼仪为人们从事劳动提供了基本遵循，使人们在“日用而不知”的状态中潜移默化地接受劳动教育。

（一）礼仪制度中的劳动教育

穿越古今

中国古人把“习劳”作为必备品德和第一要义。无论是贵族子弟，还是平民百姓，童蒙初学就要学习洒扫的劳动第一课（图1-7）。南宋学者、理学家朱熹在《童蒙须知》中专门列有“洒扫清洁”一章。在《三字经》《弟子规》《千字文》这些脍炙人口的蒙学读物中，关于劳动的教育也被重点提及。例如，《三字经》中有“稻粱菽，麦黍稷。此六谷，人所食”;《弟子规》中有“房室清，墙壁净。几案洁，笔砚正”;《千字文》中

图1-7
古代私塾教育中，蒙童初学要开展洒扫的劳动教育

有“治本于农，务兹稼穑。俶载南亩，我艺黍稷”。这些内容详细记录了古人的日常起居和学习生活，充分体现了当时人们对劳动的重视。

在古代礼仪制度中，按照劳动规律对普通人的日常起居也做了相关规定，有一套完整的“时间表”。从鸡鸣起床到夜里入睡，不同时间段应该从事什么劳作、如何安排家务劳动、各担负什么样的职责、发挥什么样的作用都有详细规定。这些规定作为一种约定俗成的社会法则，成为人们的日常行为规范。礼仪制度中的规定成为广为流传的行为标准，将劳动教育潜移默化地渗透到人们的日常生活中。日积月累，习惯成自然，人们就自觉形成了从事劳动、热爱劳动的好习惯。

《礼记·内则》中这一段，“凡内外”泛指男女尊卑长幼，意思是说，在清晨鸡叫头遍的时候，家中所有人都要起来洗漱，穿戴整齐，收拾好床铺，洒水扫地，而且室内室外都要打扫，还要布置庭堂的座席。每个家庭成员都有自己需要做的事情，劳动内容是人们日常的功课，久而久之逐渐成为人们的一种生活习惯。

文海拾贝

“凡内外，鸡初鸣，咸盥漱，衣服，敛枕簟，洒扫室堂及庭，布席，各从其事”

——《礼记·内则》

除了普通人有需要遵循的一套与劳动相关的礼仪之外，《礼记·祭义》中对天子、诸侯参与农业生产劳动也有明确的规定。例如，要求天子和诸侯到了春耕的时候，要亲自执犁耙在田地里耕作，拿种田的收获来祭祀天地、社稷和先祖（图1–8）。让统治阶层参与生产劳动的目的，就是教育他们“不忘其所由生也”，

图1–8 天坛在明、清两代是帝王祭祀、祈愿五谷丰登的场所

强调赖以生存的土地是国家发展的根本。通过这些仪式性的劳动活动，让他们明白生产劳动的艰辛，体恤民情，树立农业立国、以民为本的思想。同时，天子、诸侯参加农耕生产，可以强化人民对土地、对农业劳动重要性的认识。

（二）家风家训中的劳动传承

“耕以养身，读以明道”。早期农业的发展促进了耕读文化的产生，教育的普及又进一步加速了耕读文化的传播。古代社会有提倡知识分子“耕读传家”的传统，以耕读结合为价值取向，形成了“耕读文化”，成为维系“乡土中国”数千年稳健运行的重要法则。在这个过程中，既重视农业生产的体力劳动，也重视读书治学的脑力劳动的传统，通过家训家风传承下来，对我国劳动教育的发展产生了深远的影响。

在古代，人们理想的人生模式是“修身、齐家、治国、平天下”。其中，修身是家庭教育的重要内容，齐家则是家庭教育所要达到的理想目标。许多历史名人都通过家书、家训等形式，将重要的人生经验传承给了家族后辈。

穿越古今

三国时期蜀汉丞相诸葛亮（图1–9）的《诫子书》可谓一篇充满智慧之语的家训，是古代家训中的名作。诸葛亮晚年得子，取名瞻，字思远，希望自己的儿子“志存高远”。诸葛亮非常喜爱这个小儿子，但又对他的成长充满了担忧。他曾在给哥哥诸葛瑾的信中说：“诸葛瞻今年八岁了，十分聪慧可爱，但我又担心他过于早熟，最后成不了大器！”可见，诸葛亮十分重视子女的早期教育问题。临终前，他将给诸葛瞻的谆谆教诲写成了一封家书，寄托对儿子的无限期望。书中写道：“夫君子之行，静以修身，俭以养德，非淡泊无以明志，非宁静无以致远。”说明在诸葛亮看来，人生大厦的基石是要勤俭以养德，要通过勤俭的劳动教育达到修身养德的目的。

图1–9
著名军事家，谋略家诸葛亮

中国古代文学家、教育家颜之推的《颜氏家训》、司马光的《训俭示康》、朱柏庐的《朱子家训》等都是非常有代表性的家训，其中都强调了勤劳家风的传承。例如，颜之推在《颜氏家训·治家篇》中，教育子孙“生民之本，要当稼穑而食，桑麻以衣”，告诫子孙后代生存的根本在于要自食其力，种植庄稼才能有饭吃，栽种桑麻才能有衣服穿。颜之推尤其反对知识分子轻视劳动、好逸恶劳的陋习，告诫子孙后代一定要身体力行，学习生产劳动，达到“耕”与“读”的结合，关注社会现实与求知问学相统一。

晚清时期政治家、军事家曾国藩也非常重视对后代的劳动教育，让子孙保持耕读之家本色，过普通人勤奋俭朴的日子，不沾染宦官子弟的纨绔习气。他认为懒惰和骄傲都是败家之道，要养成勤俭节约的好习惯。他要求曾家后辈要走路，不能坐轿骑马，不能使唤他人取水添茶，对于拾柴、收粪、插田莳禾这样的事，也要亲力亲为。曾国藩自己也是坚持勤劳节俭的典范，身体力行地践行了勤劳节俭的家风。他这种严格律己、以身作则的精神也为传承勤劳节俭的家风做出了表率。

文海拾贝

吾家子侄半耕半读，以守先人之旧，慎无存半点官气。不许坐轿，不许唤人取水添柴等事。其拾柴收粪等事，必须一一为之；插田莳禾等事，亦时时学习之。

——摘自《曾国藩家书》

这些中华优秀传统文化中将劳动谋生与读书治学相结合的生动案例，通过家风家训等家庭教育传递了劳动的经验和智慧。耕读文化不仅是指半耕半读的生活方式，更是一种情怀、文化及价值追求，它影响着中华民族优秀品质的传承和发展。

〔行〕×之有×〔效〕

行 巧制“鲁班锁”（图1–10），“90后”职校学生敲开国礼大门

图1–10
鲁班锁

鲁班，被世人誉为巧圣、匠圣、工圣和百工之祖，他一生勤于劳作、关注民生，发明创造众多。鲁班精神不仅是中国劳动人民智慧的象征，而且代表着精湛高超的技术技能、精益求精的职业素养和不断进取的创新精神和品格。他不仅是古代的“大国工匠”，更被认为是当代中国职业教育的代言人。有3名职业技术学院的学生通过一把小巧精致的鲁班锁敲开了国礼的大门。

鲁班锁，又名八卦锁，是一种古老的儿童益智玩具，相传由鲁班发明。在第七届中德经济技术论坛上，中国总理李克强将一把鲁班锁赠送给德国总理默克尔。正是这把作为国礼的鲁班锁让李志仁、张少华、王明靖这3位来自天津中德职业技术学院（天津中德应用技术大学前身）数控技术专业的“90后”大学生成为“明星”。

“鲁班锁看似小巧，但工艺并不简单。它由六根铝质金属条组成，最后要做到环环相扣。加工期间，要随时调整加工参数，让每个零件的尺寸精度都达到设计要求，太松太紧都不行。由于我们是3个人一起完成，这就更加考验我们的团队协作能力。”王明靖介绍说，“在制作过程中我们学会了更好地进行协作和配合，这种团队合作的能力也是我们将来在工作和生活中必须学会的。”经过一遍遍对标、打磨、上色，他们终于制作出满意的作品，被选为走出国门的礼物。

据悉，李志仁、张少华、王明靖都来自农村，入学前的高考分数都可以上“三本”，但是考虑到未来就业趋势，最终都选择了就读职业技术学院。对于自己的作品能成为国礼，他们既意外又兴奋。“总理的讲话让我感觉到作为当代

青年大学生，尤其是职业技术学校的大学生，肩上所担负的使命和责任。”张少华说。

效 鲁班精神是一种职业精神，是中国民间劳动者行为和职业价值取向的体现，是中华优秀传统文化中的宝贵财富。鲁班精神与工匠精神的内涵相同，都要求劳动者刻苦钻研、精益求精、追求卓越、敢于创新。上述案例中的三位大学生，正是在实践中继承和发扬了匠心和创新精神，才能够反复打磨出“国礼”，为自己的青春增添了一抹亮丽的色彩。

崇尚技能、尊重劳动成果是中华民族基因中的优秀品质。在当代中国制造业崛起的进程中，需要越来越多“当代鲁班”式的能工巧匠，生产制造物美质优的产品，创造出更多的社会财富。近年来，在就业市场上，技能娴熟、素质过硬的职业教育毕业生更是掌握着开启名优企业大门的“金钥匙”。由此可见，继承和发扬中华优秀传统文化中的劳动观，努力成为时代呼唤的高素质人才，每个人都能收获属于自己的精彩人生。

思之有得

思 在生产力高度发达的今天，劳动自身也发生了日益多元、不断融合的复杂变化。你认为，在人工智能时代（图1-11），传统的劳动观还适用吗？青年人应该怎样传承和发展中华

图1-11 在人工智能时代智能制造前景广阔

优秀传统文化中的劳动观？

得 回顾灿烂的中华文明史，中国人民劳动观源远流长，它的形成与劳动人民的生产生活实践以及中华民族崇尚劳动的传统文化密不可分。在几千年历史长河中，中国人民始终心怀梦想、不懈追求、辛勤劳作，创造了举世瞩目的成就。中国传统的劳动观渗透于人们的日常生活之中，通过礼仪制度、家训家风等途径得以实现和传承，至今仍深刻影响着当代中国人的精神世界，也将继续为中国发展和人类文明进步提供不竭的精神动力。

传统文化中的劳动思想是与古代的生产基础和社会制度相适应的，而当今世界处于百年未有之大变局，在新的历史方位下，必须辩证看待与借鉴吸收传统文化中的劳动思想，“取其精华，去其糟粕”，把握其崭新内涵与时代价值，激励自我练就卓越技能，用奋斗成就梦想！

第一单元
交互式测验

第二单元

马克思主义劳动观

学习目标

素养目标

体认劳动不分贵贱，培养崇尚劳动、尊重劳动的基本情感。

以马克思主义劳动观为指导，树立正确的人生观和价值观。

培养勤俭、奋斗、创新、奉献的劳动精神。

将劳动视为人生的一种乐事，以劳养德、以劳修身。

知识目标

掌握劳动的内涵。

理解劳动创造人类的概念。

理解劳动与经济社会进步的关系（图 2-1）。

图2-1 无论形态如何变化，劳动始终是支撑人类社会发展的最重要支柱

〔言〕×之有×〔理〕

言 **任何一个民族，如果停止劳动，不用说一年，就是几个星期，也要灭亡。**

——马克思

理 劳动是人类的本质活动。纵观整个人类文明史，从刀耕火种的原始社会到男耕女织的农业社会，从蓬勃发展的蒸汽时代、电气时代到如今突飞猛进的信息时代，劳动始终是推动社会车轮滚滚向前的根本动力。从古老神秘的世界七大奇迹到举世闻名的中国古代四大发明，这些历经岁月沧桑的文明瑰宝，无不辉映着千千万万劳动人民智慧的光芒。

劳动是马克思主义思想体系中的核心概念，是马克思主义理论研究的基础。马克思从唯物主义立场出发，充分肯定了劳动对于人类文明和历史进步的重要意义。他认为，劳动是人类生存的本质，人类的发展过程就是劳动的发展史。劳动是价值创造的源泉，不仅创造了人和人类社会，而且是人类社会赖以存在和发展的基础。作为生命体存在的人要解决吃、穿、住的生活问题，必须从事生产劳动，通过劳动改造自然，从大自然中获取生活资料。劳动一方面使人同自然界发生关系，另一方面使人们之间结成生产关系。劳动还是将人内在的体力和智力对象化的过程，人在劳动中提高和发展了各项能力（图2-2），劳动过程和劳动目的的实现使人认识到自己的本质力量。

图2-2 丰富多样的劳动形式满足了人类生存和发展的基本需求

可以说，劳动不但创造了人的物质生活，也充盈着人的精神世界，使人得以成长。

〔求〕×之有×〔道〕

求　马克思认为，人是劳动的产物，劳动决定了人与自然的关系以及人与人之间的社会关系，社会发展的决定力量不是精神、意志或者神灵，而是人的劳动。应该如何理解劳动对人类历史发展起决定性作用？劳动如何推动经济社会发展？每个人的幸福生活与劳动有什么关系？

道　一、劳动与人类起源

翻开人类的文明史册，可以发现有一个有趣的现象：无论世界各国的民族传统有怎样的差异，但几乎所有的民间传说、宗教经典、历史典籍中，第一个神话故事、第一个创业始祖、第一个民族英雄，都与劳动有关，在不断传承人生哲理中，勤劳和财富也常常紧密相连。马克思曾把劳动称为社会围之旋转的太阳，是人类历史发展的前提。

人类到底从哪里来？千百年来，人们从未停止过对人类起源的求索。从东方的女娲造人，到西方的上帝造人，直到达尔文生物进化论的提出，才为揭开这一谜题提供了一把科学的钥匙。1859年，达尔文在《物种起源》中第一次把生物学建立在科学的基础上，以全新的生物进化思想，推翻了“神创论”和

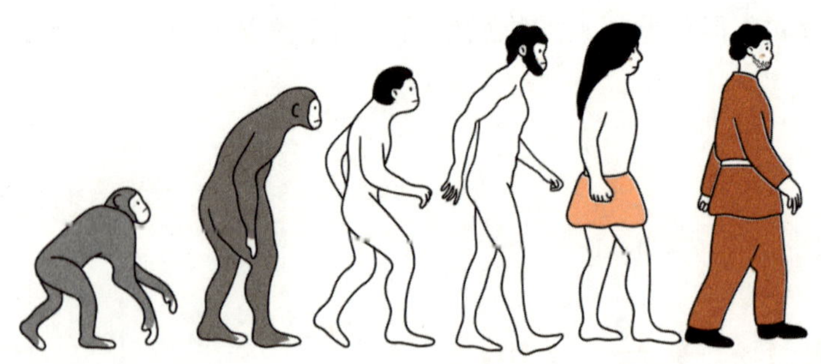

图2-3 劳动是从猿到人转变过程中的决定力量

“物种不变”的理论。达尔文认为生物通过遗传变异和自然选择，从低级到高级，从简单到复杂，不断地进化和发展。但是，对于推动人类进化的决定力量是什么，达尔文在当时没有给出有力的解释。直到恩格斯在《劳动在从猿到人转变过程中的作用》里提出“劳动创造了人本身”这一著名论断，才为这个人类存在的终极谜题提供了一种科学解释（图2–3）。

在人类进化的漫长历程中，劳动作为“一切人类生活的第一个基本条件”，促进了人与动物的分化。劳动和自然界一起构成了财富的来源，自然界为劳动提供材料，劳动转变材料来满足人类生活所需。直立行走是从猿转变到人的具有决定意义的一步。直立行走使手从走路的功能中解放出来，从而获得了掌握其他新技能的自由。经过不断的自然选择和进化，手作为重要的劳动器官，为了适应劳动，肌肉、骨骼、韧带不断地以新的方式来满足复杂的劳作。随着直立行走引起的腿形态结构的变化，劳动引起手的形态结构变化，整个人体的形态也在发生变化，完成了从猿的体质到人的体质的进化。同时，劳动推动了人脑的发育和语言的产生，进而促进了人的意识的发展。“首先是劳动，然后是语言和劳动一起，成了两个最主要的推动力，在它们的影响下，猿的脑髓就逐渐变成了人的脑髓。”恩格斯在《劳动在从猿到人转变过程中的作用》中这样解释大脑的进化过程。至此，人类终于能够制造和使用各种生产工具，从而实现人和自然界的分化，成为真正意义上的人（图2–4）。

马克思在《1844年经济学哲学手稿》中指出，劳动将人与猿彻底地区别开来，在劳动的直接推动下，人类经历了从早期猿人到晚期智人的发展过程。劳动促使人类的脑容量不断增加，使人类体态特征愈来愈区别于猿而近似于现代人，而且使劳动工具日益改进和多样化，人类的智力由此得到发展，物质生活逐渐丰富起来。劳动创造了人，并维持人的生存。

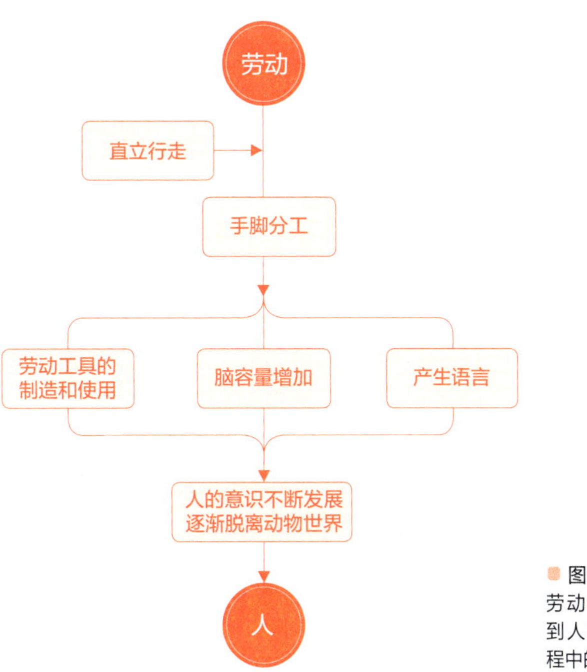

图2-4 劳动在从猿到人转变过程中的作用

"劳动创造人"的观点论证了作为劳动主体的人是历史创造者的基本原理，有力地批驳了"历史神创论"和"英雄史观"等唯心主义观点。劳动之于人和人类产生和发展的根本作用，正是劳动神圣、劳动伟大之根本。

二、劳动与经济社会进步

劳动是价值创造的源泉，创造了商品的价值和使用价值，奠定了人类社会发展的基础。人类的衣食住行等一切生存条件都是通过劳动解决的，人类所从事的各项精神文化等实践活动，也都建立在劳动活动基础之上。劳动是推进人类不断产生自由创造力量、改变世界和解放自身的动力。

原始社会的人类想要生存，就必须去采集打猎以满足对食物的需求。现代人想要吃饱穿暖，也需要通过劳动获取相应的物质资料。马克思在《德意志意识形态》一书中指出，我们首先应当确定一切人类生存的第一个前提，也就是一切历史的第一个前提，这个前提是：人们为了能够"创造历史"，必须能够生活。但是为了生活，首先需要衣、食、住以及其他东西。因此第一个历史活动就是生产满足这些需要的资料，即生产物质生活本身，同时这也是人们仅仅为了能够生活就必须每日每时都要进行的一种历史活动，即一切历史的一种基本条件。在马克思看来，劳动是“一切历史的一种基本条件”，有了人类的劳动，有了满足人类生存必需的前提，才产生了生活和历史。只有生产力的发展，才能进一步促进物质基础的丰富，才能不断满足社会成员的需求，进而推动人类社会不断进步和发展。马克思从唯物主义立场出发，充分肯定了劳动对于人类和人类历史的重要意义。

图2-5 石器时代的劳动工具

图2-6 青铜器时代的劳动工具

马克思主义劳动观认为，用自己辛勤的劳动认识和改造客观世界，创造丰裕富足的物质生活和多姿多彩的精神生活，从而使人自身得以不断发展和全面提升，这是人类社会的最本质特征和最伟大之处。财富和价值，是无差别的人类劳动的结晶，饱含着奋进、智慧和勤勉。

回望人类文明走过的历程：从原始社会的刀耕火种，到青铜器和铁器的发明和使用，从蒸汽机的横空出世到电子计算机之后人类社会发展的高歌猛进，都离不开劳动工具的更新迭代（图2-5、图2-6）。以劳动工具的变革发展为标志的劳动生产力的变革发展，推动了劳动形态的变革发展以及人类社会的历史运动（表2-1）。

表2-1 历史上劳动工具的变革

人类社会发展阶段		代表性工具	示例
石器时代	旧石器时代	以打制石器为主	石头刀、石锥、石锯
	新石器时代	以磨制石器为主	石斧、石凿、石镰

续表

人类社会发展阶段		代表性工具	示例
青铜器时代		用青铜制造的器具	青铜刀斧、鼎、农具
铁器时代		用铁制造的器具	锄头、铁锹、铁犁
工业时代	蒸汽时代	以蒸汽等为动力的机器	蒸汽机、纺纱机
	电气时代	以电力等为动力的机器	发动机、电动机
信息时代	计算机时代	电子计算机	超级计算机、工业控制计算机、个人计算机
	智能化时代	人工智能	云计算、人脸识别、无人驾驶

任何一个国家，任何一个民族，只有以自强不息、坚韧不拔的精神和耐力，勤勤恳恳、踏踏实实地工作劳动、苦干实干，才能真正把命运掌握在自己的手中，才能实现所有期待和梦想。当前的世界风云变幻，在一些国家和地区，人们津津乐道于资本运作、企业上市、一夜暴富的故事，“加杠杆”“钱生钱”的模式似乎幻化成了“终南捷径”，有人追求“少劳多得”，有人幻想“不劳而获”，甚至有人鄙视诚实勤勉，认为“干实业挣钱难，钱挣钱容易”。然而，在古今中外的人类文明史册上，几乎所有的经典训诲，都记载着勤勉致富的忠告，都凝结着奋斗成功的感悟。劳动，唯有勤勉踏实有创造性的劳动，才能真正推动社会发展的车轮滚滚向前，才能有力托起一个又一个的致富梦想。

三、劳动与人的自由全面发展

劳动不仅能创造出丰富的物质世界和精神财富，还能促进人本身的发展。人的自由全面发展是马克思主义理论的重要组成部分，也是马克思主义最高的价值追求。人通过劳动成为真正意义上的人，人通过劳动解放自己。只有深入理解、正确把握劳动，才能真正理解和把握马克思主义理论是实现自身解放的思想体系。

图2-7 人脑具有丰富的创造力，人的发展具有丰富性和多维性

马克思主义理论认为，劳动是自由的、有意识的生命活动。人的劳动能力发展，是体力劳动能力与智力劳动能力的统一性发展。马克思将人处于理想生存状态的两个特质描述为：自由发展和全面发展。自由发展指的是人根据自身的兴趣爱好，自觉自愿、有主观能动性、不受约束地发展自己的体力、智力、个性以及其他各方面的能力。全面发展指的是人克服片面性，使自身各方面的能力都获得全面协调、均衡充分的发展。全面发展强调人的发展的丰富性和多维性（图2–7）。

如果能做到这两个方面，劳动就给每一个人提供了全面发展和表现自己体力和脑力能力的机会，劳动就不再是奴役人的手段，而成了解放人的手段，生产劳动就从一种负担变成了一种快乐。人不仅凭借劳动满足最基本的生存需要，实现社会财富的创造和积累，而且最终也要通过劳动来实现人之为人的自由本质。马克思指出，生产劳动同智育和体育相结合，它不仅是提高社会生产的一种方法，而且是造就全面发展的人的唯一方法。

具体到现实生活中，可以说劳动既是一种付出，也是一种自我价值的体现。无论是在高楼大厦，还是在露天场所，抑或是在高原、戈壁、海洋，有数以亿万计的劳动者，日复一日地忙碌在自己的工作岗位上，他们中的绝大多数不为人知，远离鲜花和聚光灯，但正是这种看似平凡的坚守和默默无闻的奉献，创造了巨大的财富，维持着经济社会的正常运转，给他人带来便利和快乐，也收获着个人的幸福和喜悦。

从这个意义上说，劳动，不仅是我们获得成功、改善生活的渠道，还是我们升华人生意义、找到内心归宿的寄托。一方面，劳动所创造的物质财富供养了劳动者自身；另一方面，劳动让劳动者得到身心的发展和来自社会的尊重。

在劳动的过程中，劳动者不仅提升了劳动技能，也磨炼了意志品质，找到了实现梦想的舞台。虽然劳动过程不一定都令人轻松愉悦，劳动的形式可能单调，劳动的环境可能艰苦，劳动的内容可能枯燥，但是劳动的结果往往会让人充实。其中既有收获物质回报的满足，也有精神层面的满足和升华，让人不断向自由全面发展迈进。尽管每个人努力追求的人生目标各不相同，实现目标的路径却往往指向同一个方向——劳动。

马克思还以异化劳动理论为基础，揭示了资本主义社会异化扭曲人的本质的特征，并指出了人类劳动的正确发展方向。美国喜剧大师卓别林（图2-8）在经典电影《摩登时代》中，生动地表现了劳动异化的现象。故事的背景是20世纪30年代的美国，当时美国工业因为采用流水线机器作业而大量解雇工人，造成了失业浪潮。卓别林所饰演的主人公夏尔洛是工厂的一名普通工人。大规模的机器生产和流水线作业，让工人们进行着机械性、重复且乏味的工作，甚至随时面临失业的威胁。长期简单、重复、机械的工作让夏尔洛身体僵硬、思想僵化、动作呆板、逐渐癫狂，变成一个可怜的拧螺丝“强迫症”患者。他无论看到什么都想拧，甚至在街上把行人的鼻子当作螺丝来拧，最后被强迫送进精神病医院。影片采用夸张、滑稽的行为动作，让人在捧腹大笑的同时对那个造成“机械化”的社会形态产生深深的思索，反映出在垄断资本主义条件下，资本对于劳动力所创造的剩余价值的榨取和垄断资本家对工人阶级劳动的残酷剥削。

图2-8 卓别林在电影《摩登时代》中塑造的形象成为永恒的经典

马克思认为在资本主义条件下，雇佣劳动造成了人与劳动本身、人与劳动产品、人与人类本质、人与人的关系之间的异化，异化劳动抽离了人的劳动意识，是非体面、非幸福、非自由的劳动。在异化劳动中，人的能动性丧失了，遭到异己的物质力量或精神力量的奴役，从而使人的个性不能全面发展，只能片面发展，甚至畸形发展。在资本主义社会里，异化达到最严重的程度。马克思在《1844年经济学哲学手稿》中指出："工人生产的财富越多，他的产品的力量和数量越大，他就越贫穷。工人创造的商品越多，他就越变成廉价的商品。物的世界的增值同人的世界的贬值成正比。"[1]

劳动异化折射出的是因为私有制而导致的无产阶级和资产阶级的对立。人类劳动最终会发展为共产主义社会"公平正义"和"自由创造"的和谐劳动。劳动者能够在劳动过程中充分发挥自己的智慧、美感、体能和创造力，既享受劳动过程又享用劳动成果，在劳动中自我创造，实现自我价值。到那时，劳动就不再是奴役人的异化劳动，而是由一种谋生手段转化为解放人的方式，劳动将人的本质重新还给人，从而实现人的自由全面发展。

〔行〕×之有×〔效〕

行 一脚踢出崭新时代，珍妮纺纱机的诞生

18世纪中叶，在英国兰开夏郡，有一位名叫詹姆斯·哈格里夫斯的纺织工。一天晚上回家后，他不小心踢翻了妻子正在使用的纺纱机。正当他准备扶起纺纱机的时候，他突然注意到，已经翻倒的纺纱机还在继续运转，只是原本横着的纱锭变成了竖直的。就是这不经意的一幕，却如电光火石般让哈格里夫斯产生了一个大胆的想法：如果把纱锭都竖起来，是不是就可以一下子多纺出很多倍的纱？为了验证自己的想法，他说干就干，连夜赶制，第

1 中共中央马克思恩格斯列宁斯大林著作编译局编译．马克思恩格斯全集第42卷[M]. 北京：人民出版社，2016.

二天就做出了一台用一个纺轮带动8个竖直纱锭的新型纺纱机，使纺纱效率一下子提高了8倍（图2-9）！

1764年，经过反复实验，哈格里夫斯制成以他女儿珍妮命名的纺纱机。这是最早的多锭手工纺纱机，共装有8个锭子。之后，他又通过实验，将纱锭数量不断增加，并与友人在诺丁汉合开了一家纺织作坊。因为珍妮纺纱机的纺纱效率大大高于普通纺纱机，很快便在纺织业流行起来。

图2-9 珍妮纺纱机的发明促进了纺织业的工业化发展

正是哈格里夫斯这不经意的一脚引发的思想火花，踢开了近代纺织业工业化的大门；也正是这一脚，让哈格里夫斯开启了技能创新之路，进而实现了近代纺织业的第一次飞跃。珍妮纺纱机的出现，伴随着工具与技能的进步，催生出更多的发明创造。1769年，理查德·阿克莱特发明了卷轴纺纱机。它以水力为动力，减少了人力操作，产品的质量更好，解决了生产纯棉布的技术问题。1779年，纺纱工人塞缪尔·克隆普顿发明了走锭精纺机（又称“骡机”）。它结合了珍妮机和水力纺纱机的特色，纺出的棉纱柔软、精细又结实，很快得到广泛应用。到1800年时，英国已有600家骡机纺纱厂，英国棉纺业基本实现了机械化。

正是由于珍妮机的出现，才开启了后来人对新式纺织机的进一步革新，助推了阿克莱特卷轴纺纱机、骡机的相继诞生，推动了整个英国的纺织业近代化，并从英伦三岛辐射到欧洲大陆，再到全世界，人类工业文明由此启航。

效 无论是自然界、人类社会还是人的思维都在不断地运动、变化和发展。生产力的发展决定着社会发展的程度，技术创新与科技发展是生产力进步的最重要的推动力。在人类社会的发展历史上，技能人才为技术发展与科技创新做出过不可估量的重大贡献。正如纺纱方面的发明导致织布方面相应的发明一样，某一种工业中的发明常常会促进其他工业中相应的发明。

从第一次工业革命开始，大规模的工厂化生产逐渐取代个体手工业劳动。脑力劳动对生产力和历史发展的推动作用日益显现，人类依次进入电气时代、计算机时代和智能化时代。无论形态如何变化，劳动始终是支撑人类社会运行和发展的最重要支柱。实践表明，没有劳动创造，就没有人类文明的辉煌历史和光明未来。

〔思〕之有〔得〕

思　马克思说，给每一个人提供全面发展和表现自己的全部能力即体能和智能的机会，这样，生产劳动就不再是奴役人的手段。怎么理解这句话？人的自由全面发展需要哪些必要条件？

得　通过本章的学习，你得到了什么？

人类的历史，某种意义上就是一部劳动发展史。劳动具有社会属性，是一种社会实践活动。劳动是人类基本的存在方式，也是人类社会形成和发展的推动力量。劳动不仅改变了作为人的劳动对象的客观世界，也在这个过程中，改变了人的主观世界。人只有劳动，才能实现发展，才能实现自我的价值，进而成为自由全面发展的人。

劳动创造价值，也创造美好人生。每个人的幸福生活，都要通过辛勤的劳动来实现。所有平凡而诚实的劳动，让人成为人，成为富有和幸福的人，成为大写的人。我们的心灵因为劳动而融入无垠的世界，变得更加宽广、更加开朗。可以说，劳动开启了人类文明进步的长河，劳动改变了人类生存发展的状态，劳动提升着人类生命的品质。有理由相信，未来，劳动将继续照耀人类社会前进的道路！

第二单元
交互式测验

第三单元

习近平关于劳动的重要论述

学习目标

素养目标

掌握马克思主义劳动观在新时代的发展。

理解劳动同实现中华民族伟大复兴的中国梦之间的联系。

强化服务人民的劳动情怀，涵养诚实劳动的劳动品德。

提升创造性劳动的劳动技能，努力成为高素质劳动者（图 3-1）。

知识目标

掌握习近平关于劳动的重要论述。

了解劳动实践观。

了解劳动价值观。

了解劳动教育观。

图3-1 2016年11月3日，长征五号在海南省文昌航天发射场首次成功发射。

〔言〕×之有×〔理〕

言 **劳动是一切幸福的源泉。**

——习近平

理 劳动是一切成就的基础。正是因为劳动创造，我们拥有了历史的辉煌；也正是因为劳动创造，我们拥有了今天的成就。劳动不仅是一切社会财富的源泉，而且正是在劳动过程中人实现了自身的发展。习近平坚持发展马克思主义唯物史观，牢牢把握劳动创造历史这一唯物史观的基本观点，强调劳动以及劳动者的重要性。

从个人层面来看，劳动是劳动者创造物质财富、实现个人价值、收获美好生活的根本途径。美好的生活不会从天而降，而是要靠自己的双手奋斗。从国家层面来看，劳动是实现国家富强和民族复兴的必要途径。中华民族是一个具有勤劳精神和创造潜力的伟大民族。没有辛勤劳动，就没有中华民族的辉煌历史；没有勤劳的劳动人民，就没有中华民族今天的腾飞。从中华人民共和国成立之初的一穷二白，到如今的世界第二大经济体，中国的经济发展是踏踏实实干出来的。在实现中华民族伟大复兴的中国梦的征程上，需要广大劳动人民更加脚踏实地的劳动实践。

〔求〕之有〔道〕

求　习近平有哪些关于劳动的重要论述？这些重要论述体现了什么劳动思想？表达了何种价值取向？蕴含着怎样的时代价值？

道　一、劳动实践观

一部建党百年的历史，也是一部中国共产党不断丰富和发展马克思主义劳动解放思想的历史。党的十八大以来，习近平多次就劳动、劳动者、劳模精神等内容发表重要论述，将劳动同开创中国特色社会主义新时代、实现中华民族伟大复兴紧密联系起来，深刻阐释了劳动对实现个人幸福和中华民族伟大复兴中国梦的重大意义。

从不满16岁主动申请到陕北农村梁家河（图3–2）插队，到担任党和国家最高领导人，习近平在实践中逐渐形成了关于劳动的观点和思想。在这些观点和思想中，劳动创造美好生活是贯穿其中的重要线索。在梁家河，他与劳动人民吃住在一起。离开梁家河，习近平依然坚持劳动不忘本的良好习惯。在宁德，他不仅参与劳动，还对劳动进行了深层次的思考。他曾在《摆脱贫困》一书中写道："农村劳动力如果继续束缚在原有规模的耕地上，倚锄舞镰，沿袭几千年来日出而作、日落而息的耕作老传统，进行慢节奏、低效率的

图3–2
陕西省延安市梁家河村的知青旧居

生产劳动，那就不是一件好事。反之，用改革开放的眼光看待劳动力的大量转移，会惊喜地发现，我们又获得了一种极其宝贵、可待开发、可能创造巨大价值的崭新资源。”党的十八大以来，习近平考察调研的足迹几乎遍布全国，从贫困山村到基层社区，他与群众同劳动，留下一段段难忘的经历，一个个暖人的瞬间。

在十八届中央政治局常委同中外记者见面会上，习近平指出：“人世间的一切幸福都需要靠辛勤的劳动来创造。”[1]劳动不仅仅是促进社会发展、创造财富的手段，还是人类幸福的必经之路。在2013年“五一”国际劳动节的讲话中，习近平进一步强化了这一思想，他指出：“人民创造历史，劳动开创未来。劳动是推动人类社会进步的根本力量。”[2]这些重要论述表明习近平高度重视劳动的作用，强调劳动者的主体地位，坚持以人民为中心。他立足于唯物史观，继承与发展马克思主义劳动观，重申和强调劳动对于人类的重要性，劳动对于发展的历史价值和重要意义。他认为，劳动不仅创造了人类本身，也是人类生存和发展的最基本条件，还是人类创造物质财富和精神财富的基本途径。

图3-3 2012年，《复兴之路》展览在北京国家博物馆开展

2012年11月29日，习近平在参观《复兴之路》展览（图3-3）时，第一次提出了中国梦这一伟大构想。近代以来，在中国共产党的坚强领导下，一代又一代中国人通过辛勤劳动、接续奋斗，实现了国家从站起来、富起来到强起来的伟大飞跃。现在，我们比历史上任何时期都更接近中华民族伟大复兴的目标，但在这一进程中，幸福不会从天而降，梦想不会自动成

1 习近平．人民对美好生活的向往就是我们的奋斗目标 [N]. 人民日报，2012.

2 习近平．充分发挥工人阶级主力军作用依靠诚实劳动开创美好未来 [N]. 人民日报，2013.

真，劳动是实现中华民族伟大复兴中国梦的实践依托。习近平指出："实现中华民族伟大复兴的中国梦，要靠各行各业人们的辛勤劳动。"[1]这一重要论述充分体现了马克思主义实践观思想，深刻揭示了梦想与现实的辩证关系。如果只有行动、没有梦想，往往会迷失方向甚至误入歧途；如果只有梦想、没有行动，梦想也不过是空中楼阁。沟通梦想与现实之间的桥梁只能是实实在在的行动，也就是劳动实践。只有在劳动实践中，梦想才有可能变成现实。从认识论的角度看，辛勤劳动不仅是人民致富、过上幸福生活的根本途径，还是国家富强、民族复兴的根本途径。从个人与集体的互动关系角度上讲，中国梦也是每一个中国人的梦，每一个人的梦同样需要通过劳动来实现，而中国梦的实现则需要14亿中国人共同努力。

二、劳动价值观

劳动价值观是指人们对劳动的根本看法和态度，它由人们对劳动的目的、价值、意义和态度等内容构成，是一个人世界观和人生观的重要组成部分。

习近平多次在重要场合强调，"劳动最光荣、劳动最崇高、劳动最伟大、劳动最美丽"，这是对新时代劳动价值观的明确定位。这一明确定位提倡尊重劳动的社会风尚，在引领人民群众树立正确的劳动价值观上发挥了重要的作用。"劳动最光荣"充分肯定了劳动者的个人价值和社会价值，"劳动没有高低贵贱之分，任何一份职业都很光荣"。只要能够为社会发展做出贡献的劳动都是值得尊重的。"劳动最崇高"是对劳动者辛勤付出的高度认可和赞扬。劳动者在实践中克服困难与挑战，用聪明才智取得劳动成果是人的主观能动性的宝贵体现。"劳动最伟大"是对普通劳动者在推动社会发展中伟大作用的肯定。正是每一位劳动者在工作岗位上的辛勤劳动，凝聚起了实现国家繁荣昌盛的

1 习近平．在知识分子、劳动模范、青年代表座谈会上的讲话 [N]. 人民日报，2016.

图3–4 大庆油田王进喜和石油工人雕像

伟力。“劳动最美丽”是对劳动者在劳动过程中塑造的精神品格的肯定。劳动者在劳动中锻造出奋发拼搏、昂扬向上的精神风貌，积累沉淀出文化品格，是一笔弥足珍贵的精神财富。

翻开新中国的史册，“铁人”王进喜（图3–4）、“高炉卫士”孟泰、“当代雷锋”郭明义、“铁路小巨人”巨晓林、“金牌焊工”高凤林、“抓斗大王”包起帆……一大批忘我奉献、鲜活灵动的形象就会浮现在我们眼前。“民族的精英”“人民的楷模”“共和国的功臣”，习近平多次这样称赞劳动模范和先进工作者。他指出，劳动模范和先进工作者不仅通过自身的劳动为国家发展做出了巨大贡献，而且是广大人民群众学习的先进榜样。习近平指出：“在长期实践中，我们培育形成了爱岗敬业、争创一流、艰苦奋斗、勇于创新、淡泊名利、甘于奉献的劳模精神，崇尚劳动、热爱劳动、辛勤劳动、诚实劳动的劳动精神，执着专注、精益求精、一丝不苟、追求卓越的工匠精神。劳模精神、劳动精神、工匠精神是以爱国主义为核心的民族精神和以改革创新为核心的时代精神的生动体现，是鼓舞全党全国各族人民风雨无阻、勇敢前进的强大精神动力。”[1]这些重要论述，对全社会提出尊重劳动、崇尚劳动、热爱劳动的明确要求，为实现中国梦提供了价值引领。大力弘扬劳模精神、劳动精神、工匠精神，就是要让实干担当成为社会风尚，让改革创新焕发活力，让精益求精落地生根，在开启全面建设社会主义现代化国家的新征程上创造新的时代辉煌。

视频

奋进新时代，劳动最光荣

1 习近平．在全国劳动模范和先进工作者表彰大会上的讲话 [OL]. 人民网，2020–11–25.

当前，随着社会发展的需要和科学技术的更新迭代，经济形态日益多元，“互联网+”、人工智能蓬勃兴起（图3-5），纯体力劳动逐步被替代。劳动内容、劳动形式以及劳动关系等方面发生了新的变化，对劳动者素质提出了更高要求。各行各业对劳动者学习新知识、掌握新技术的要求也越来越高。我们亟待用创造性劳动来破解发展难题，我们比任何时候都需要更多高素质劳动者。党的十九大报告中明确提出，要建设知识型、技能型、创新型劳动者大军。习近平指出：“素质是立身之基，技能是立业之本。广大劳动群众要勤于学习，学文化、学科学、学技能、学各方面知识，不断提高综合素质，练就过硬本领。”[1]劳动者只有准确把握新时代对劳动者素质的新要求，主动学习科学文化知识和劳动技能，才能在激烈的劳动竞争中立于不败之地。

图3-5 工作人员通过人脸识别系统进入闸机

三、劳动教育观

青年兴则国家兴，青年强则国家强。青年一代有理想、有本领、有担当，国家就有前途，民族就有希望。习近平对广大青少年培养深厚劳动情怀抱有殷切期待，在2018年举行的全国教育大会上，他提出要努力构建德智体美劳全面培养的教育体系，劳动教育被明确纳入我国教育发展总体目标中，提升到新的高度。以劳树德、以劳促智、以劳健体、以劳益美、以劳创新，劳动教育具有综合育人性，既是国民教育的重要手段，也是人实现全面发展的实践需要。但从现实中来看，有一部分青少年出现了不珍惜劳动成果、不想劳动、不会劳

1 习近平．在知识分子、劳动模范、青年代表座谈会上的讲话 [N]. 人民日报，2016.

视频
让劳动教育浸润学生心田

动的现象，缺乏最基本的劳动习惯，劳动情怀也比较淡薄，劳动价值观存在一定偏差。加强劳动教育是一项关乎劳动美德传承、关乎人才培养质量、关乎教育强国建设的历史重任。

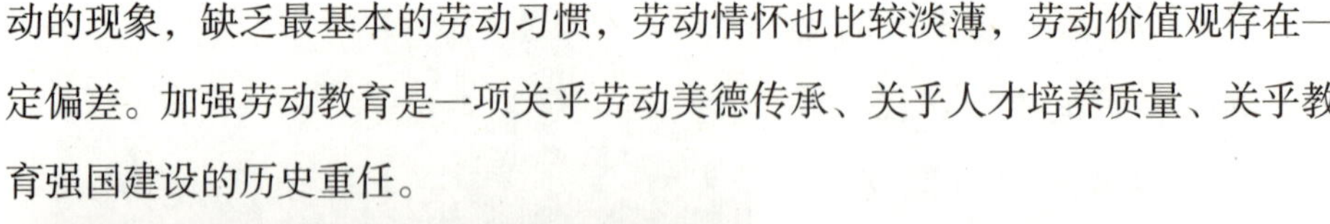

图3-6 孩子到农耕园开展劳动实践活动

习近平强调从小对孩子进行劳动教育的必要性，“要教育孩子们从小热爱劳动、热爱创造，通过劳动和创造播种希望、收获果实，也通过劳动和创造磨炼意志、提高自己”[1]（图3-6）。习近平青年时期的基层经历和劳动经验，让他深知劳动是锤炼作风、磨炼品质的重要法宝。

穿越古今

1969年年初，不满16岁的习近平主动申请到陕北农村插队，来到延川县文安驿公社梁家河大队。在梁家河，他与当地群众吃住在一起，真诚地去和乡亲们打成一片，自觉地接受艰苦生活的磨炼，从一个“不谙世事的孩子”成长为“种地的好把式”。成为梁家河大队党支部书记后，他与乡亲们一起种地、打井、打坝、修公路，发展生产，改变乡村面貌。习近平曾多次回忆起自己作为一名普通劳动者时的生活。比如2004年8月，他曾接受延安电视台专访，讲述了插队时的经历：“刚刚参加劳动的小女孩，十五六岁，我们当时也十五六岁，拿跟我们一样的工分，我们觉得简直是一种歧视，实际上是自己没本事。但是这一年下来我就干得没黑没白，风里雨里我们都在窑洞里铡草，牲口圈里铡草，然后一样一样地学。当然这些，一年过去了以后全掌握了，体力也上来了。后来就评成十分，十分还是里边最壮的劳动力。”在2003年，

1 习近平．庆祝“五一”国际劳动节暨表彰全国劳动模范和先进工作者大会隆重举行[N]．人民日报，2015.

习近平接受央视《东方之子》专访时，也回忆了那段岁月：“一年365天，除了生病，几乎没有歇着。下雨刮风在窑洞里铡草，晚上跟着看牲口，还要去放羊，什么活都干。”习近平后来感慨，“我生活在他们中间，劳作在他们中间，已经不分彼此”，同时他也在劳动人民中间学到了农民实事求是、吃苦耐劳的精神。

在新时代，成为高素质人才，既是青年大学生的努力方向，也是立身之本、成长之基、成功之法。2018年“五一”国际劳动节前夕，习近平给中国劳动关系学院劳模本科班学员的回信中这样写道：“社会主义是干出来的，新时代也是干出来的。希望你们珍惜荣誉、努力学习，在各自岗位上继续拼搏、再创佳绩，用你们的干劲、闯劲、钻劲鼓舞更多的人，激励广大劳动群众争做新时代的奋斗者。”[1]（图3-7）“干劲”“闯劲”“钻劲”这6个字，让广大劳动者学有榜样、追有目标、赶有方向。习近平的回信精神感召青年大学生勤奋做事、勤勉为人，激励青年大学生勇做新时代的见证者、开创者、建设者，以饱满的奋斗热情、昂扬的拼搏斗志，争先做新时代奋斗者。习近平关于劳动教育的重要论述，将劳动教育融入青年教育中，有利于引导广大青年学子树立以辛勤劳动为荣、以好逸恶劳为耻的价值观，使青年学子意识到自己作为未来劳动者应该养成诚实劳动的优秀品质，掌握创造性劳动技能，成为热爱劳动、勤于劳动、善于劳动的高素质劳动者，为实现中华民族伟大复兴的中国梦贡献青春力量。

视频

重温回信精神，共话青春担当

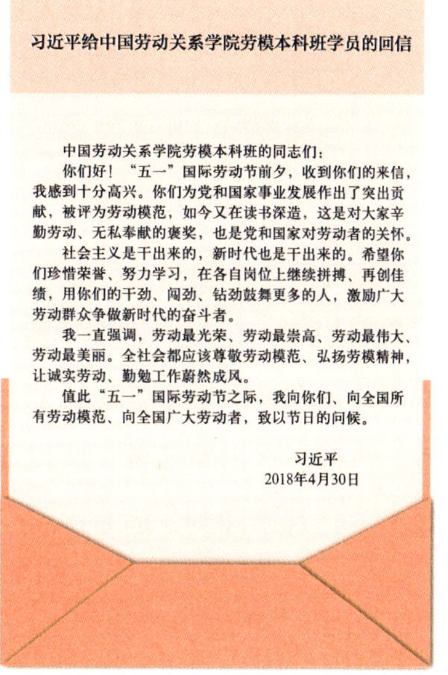

习近平给中国劳动关系学院劳模本科班学员的回信

中国劳动关系学院劳模本科班的同志们：

你们好！“五一”国际劳动节前夕，收到你们的来信，我感到十分高兴。你们为党和国家事业发展作出了突出贡献，被评为劳动模范，如今又在读书深造，这是对大家辛勤劳动、无私奉献的褒奖，也是党和国家对劳动者的关怀。

社会主义是干出来的，新时代也是干出来的。希望你们珍惜荣誉、努力学习，在各自岗位上继续拼搏、再创佳绩，用你们的干劲、闯劲、钻劲鼓舞更多的人，激励广大劳动群众争做新时代的奋斗者。

我一直强调，劳动最光荣、劳动最崇高、劳动最伟大、劳动最美丽。全社会都应该尊敬劳动模范、弘扬劳模精神，让诚实劳动、勤勉工作蔚然成风。

值此“五一”国际劳动节之际，我向你们、向全国所有劳动模范、向全国广大劳动者，致以节日的问候。

习近平

2018年4月30日

图3-7 习近平给中国劳动关系学院劳模本科班的回信

1 习近平．习近平回信勉励中国劳动关系学院劳模本科班学员 [N]. 人民日报，2018.

〔行〕×之有×〔效〕

图3-8 2021年4月29日，在海南文昌航天发射场，万人共赏长征五号火箭发射天和号核心舱

行 宇宙浩瀚路迢迢，亿万儿女架天桥

北京时间2021年6月17日9时22分，在酒泉卫星发射中心，随着一阵轰隆巨响，长征二号F遥十二运载火箭划破苍穹，顺利将载有聂海胜、刘伯明、汤洪波3名航天员的神舟十二号飞船送入太空，中国空间站迎来首批“住户”。飞行期间，航天员进驻天和核心舱（图3-8），完成为期3个月的在轨驻留。

这是中华民族的又一次太空之旅，是中国载人航天工程立项实施以来的第19次飞行任务，也正式开启了中国航天员常驻太空的时代。从古时的“万户飞天”到如今的“筑梦天宫”，中国人对太空的向往和探索从未停歇。从1992年9月中国载人航天工程正式上马，29年间，从无人飞行到载人飞行，中国载人航天事业从无到有，自力更生、攻坚克难，实现了一系列技术突破。“‘宇宙浩瀚路迢迢，亿万儿女架天桥’，是亿万儿女用坚实的臂膀架起了这座天桥，我们才能在太空展翅翱翔，要感谢这个伟大的时代。时隔13年，再次披挂上阵，执行两次出舱任务，所以说‘漫步太空人不老，中国航天接力跑’，中国航天不是百米冲刺，而是漫漫征程上的百米接力跑。”航天员刘伯明在空间站通过天地对话接受媒体采访时如是说。

事实上，中国航天的奋斗历史是中国很多行业的缩影。尤其是新时代以来，“蛟龙”入海，“天河”运算，“嫦娥”登月，北斗组网，C919起航，港珠澳联通……我们取得的一大批重大科技突破举世瞩目，创新型国家建设成果丰硕。我国工人阶级和广大劳动群众在实现中国梦伟大进程中拼搏奋斗、争创一流、勇攀高峰，取得了令人振奋的伟大成就。中国特色社会主义建设发展的每一步，都凝结着亿万劳动者的辛勤耕耘和全身心付出。劳动是中国速度、中国奇迹的坚强支撑。展望未来，实现我们的奋斗目标，开创我们的美好未来，必须紧紧依靠人民、始终为了人民，必须依靠辛勤劳动、诚实劳动、创造性劳动!

效 科技创新是提升社会生产力和综合国力的战略支撑，中国航天事业的成功代表了中国企业的自主创新能力，也说明了只有依靠创新驱动，才能使我们的劳动更具有价值，创新力量必然成为未来中国腾飞的翅膀。今日之中国，在艰苦奋斗、改革创新精神引领下，涌现出了一大批实干苦干、自主创新的优秀企业，它们正在用自己的骄人业绩，助力中国经济开辟宽广的未来。

令人赞叹的“中国奇迹”，饱含着每一位普通劳动者勤勉奉献的心血和奋力拼搏的汗水。一项项伟大成就的取得，离不开工人阶级和广大劳动者的拼搏奋斗。特别是进入新时代以来，我国工人阶级和广大劳动群众在平凡的岗位上创造了不平凡的业绩，在挑战中摸索，在摸索中前进，攻克了一系列“卡脖子”的难题，各行各业涌现出一大批劳动模范和先进工作者。他们是千千万万奋斗在各行各业劳动群众中的杰出代表。他们以实际行动诠释了中国人民具有的伟大创造精神、伟大奋斗精神、伟大团结精神、伟大梦想精神。

立足新发展阶段，青年人要用劳动模范和先进工作者的崇高精神和高尚品格鞭策自己，激发劳动热情，将辛勤劳动、诚实劳动、创造性劳动作为自觉行为。要在习近平关于劳动的重要论述中汲取丰厚营养，补足劳动之“钙”，练就过硬本领，在擘画祖国美好蓝图中贡献青春力量，实现人生价值!

〔思〕×之有×〔得〕

思 随着互联网技术的不断发展，我们已经进入人工智能时代，劳动的内容越来越丰富，劳动者的流动性越来越强，对劳动者素质的要求也越来越高。作为青年人，如何看待这种变化？成为社会所需要的新型高素质劳动者，需要做哪些准备？

图3-9 在人工智能时代，一些工作岗位面临被机器人替代的风险

得 当前，随着新一轮科技革命和产业变革不断推进，国际力量正在发生深刻调整。科技进步让人工智能、5G通信等概念日益深入人们的观念和生活中，在为社会生活提供极大便利的同时，也冲击着传统劳动观念。一些工作岗位面临着被智能化机器人替代的风险（图3–9），劳动者亟须提升自身素质来应对这种变化。

需要指出的是，科技的发展并不意味着智能机器人能够在工作岗位上全面取代人类，无论多么智能的机器都是人通过劳动创造出来的，本质上和工业时代的普通机器无异，都是人的劳动产物。机器本身并不能独立创造价值，它们的出现恰恰证明了人的劳动价值。能否在人工智能时代抢占先机、发明创造出智能产品，越来越取决于国民素质，特别是广大劳动者的素质。习近平始终把提高劳动者素质摆在事关国家和民族的长远大业、事关改革发展稳定大局、事关劳动者根本利益和整体利益的重要位置，明确要求要健全技能人才培养、使用、评价、激励制度，大力发展技工教育，大规模开展职业技能培训，加快培养大批高素质劳动者和技术技能人才。

青年人要将个人的选择与时代的发展和祖国的需要紧密联系在一起，把个人梦与中国梦紧密联系在一起。要珍惜青春时光，自主学习、刻苦钻研，勤于思考、敢于创新，努力提升自己的技能水平。以实现中华民族伟大复兴为己任，增强做中国人的志气、骨气、底气，不负时代，不负韶华，在为社会的进步与发展作出贡献的过程中，实现个人的价值，收获人生的幸福。

第三单元
交互式测验

模 块 二

02 劳动精神面貌

劳动创造价值，也创造美好人生。本模块通过介绍劳模精神、劳动精神、工匠精神的形成与发展、内涵与价值、地位与作用，帮助学生提高职业道德素养，懂得劳动最光荣、劳动最崇高、劳动最伟大、劳动最美丽的道理，激励学生传承宝贵经验，练就过硬本领，成长为新时代召唤的高素质劳动者，用奋斗书写青春篇章，靠技能成就精彩人生。

第四单元

劳模精神

学习目标

素养目标

正确理解劳模精神的内涵，逐步培养优秀品质。

能够在学习、实践中，自觉践行劳模精神，做劳模精神的宣传员和传承者（图 4-1）。

知识目标

了解劳模评选制度的时代变迁与劳模精神的内涵。

理解劳模精神的科学内涵。

了解劳模精神对社会发展的重要意义。

图4-1 “五一”国际劳动节是全世界劳动人民共同的节日

〔言〕×之有×〔理〕

言 **劳动模范有三种作用，即带头作用、骨干作用和桥梁作用。**

——毛泽东

视频
校园里特殊的“新生”

理 劳动模范是社会发展和生产实践主题中的先进分子和标兵榜样。党的十八大以来，习近平围绕劳动模范发表了一系列重要论述，指出劳动模范是民族的精英、人民的楷模、共和国的功臣。2020年3月，《中共中央 国务院关于全面加强新时代大中小学劳动教育的意见》指出，大力宣传辛勤劳动、诚实劳动、创造性劳动的典型人物和事迹，弘扬劳动光荣、创造伟大的主旋律，旗帜鲜明地反对一切不劳而获、贪图享乐、崇尚暴富的错误观念。将学习劳动模范、发扬劳模精神融于日常，有效发挥其强大的感染力，培育当代青年正确的价值观，践行社会主义核心价值观。

由此，劳动模范对于社会的重要性不言而喻。劳动模范不仅仅是一个社会劳动者的典型代表，更重要的在于凝结在人身上的高尚精神和宝贵品质。透过个人反映一个时代的人文精神，反映一个民族在某一个时代的人生价值和思想道德取向。发挥劳动模范的带头作用、骨干作用、模范作用，关键在于弘扬和传承劳模精神，在全社会营造积极向上、向善的正能量。

〔求〕×之有×〔道〕

求 **不同时期劳模是如何评选的？如何理解劳模精神的科学内涵和精神实质？**

道 一、劳模精神的由来

劳模精神产生的时代背景与劳模评选制度的发展密不可分。我国劳模评选表彰制度主要经历了四大时期：早期探索时期（1931—1949年），这一时期国家对劳模的评选是松散的，尚未形成制度化内容。中华人民共和国成立后，劳模评选逐渐发展、走向成熟，先后经历了曲折前行时期（1950—1976年）、变革发展时期（1977—2012年）和光荣绽放时期（2013年至今）。

（一）早期探索：自己动手，丰衣足食

我国的劳模评选最早来自中华苏维埃共和国临时中央政府时期的群众性劳动竞赛运动，在陕甘宁边区政府时期的大生产运动中得到了进一步发展。

20世纪40年代，由于国民党顽固派加紧了对陕甘宁边区的经济封锁，毛泽东发出“自己动手，丰衣足食”的号召，并制定了“发展经济，保障供给”的方针，在陕甘宁边区内部开展了一场轰轰烈烈的军民大生产运动。1942年，随着大生产运动的深入发展和生产大竞赛的普遍开展，各行各业都有劳动英雄和模范工作者不断涌现，延安农具厂工人赵占魁便是其中的优秀代表。

边区广泛开展“赵占魁运动”，在当时极大地激发了工人的生产热情和主人翁精神，先后涌现出袁广发、吴运铎、甄荣典等劳动英雄。1943年11月26日至12月16日，陕甘宁边区第一届劳动英雄代表大会在延安召开。会议以不

同形式表扬奖励了劳动英雄，毛泽东等领导人还亲切接见了劳模代表，劳模受到了前所未有的尊重。

1945年1月，毛泽东同志在《必须学会做经济工作》中这样评价劳动英雄和模范工作者："你们有三种长处，起了三个作用。第一个，带头作用。这就是因为你们特别努力，有许多创造，你们的工作成了一般人的模范，提高了工作标准，引起了大家向你们学习。第二个，骨干作用。你们的大多数现在还不是干部，但是你们已经是群众中的骨干，群众中的核心，有了你们，工作就好推动了。到了将来，你们可能成为干部，你们现在是干部的后备军。第三个，桥梁作用。你们是上面的领导人员和下面的广大群众之间的桥梁，群众的意见经过你们传上来，上面的意见经过你们传下去。"

（二）曲折前行：艰苦奋斗，无私奉献

中华人民共和国成立初期，百业待兴。只有实现各项事业的蓬勃发展，才能从根本上解决人民群众的问题。党和人民政府积极采取措施恢复和发展国民经济，在这样的时代背景下，从1950年至1976年共召开了4次劳模表彰工作会议（表4-1）。这一时期，评选出来的劳模通常是具有熟练的操作技能、良好的生产能力的"老黄牛"式技术工人。

表4-1 1950—1976年建国初期劳动模范表彰情况

会议	时间	颁奖机构	表彰情况	代表人物
全国工农兵劳动模范代表会议	1950年9月25日—10月2日	中央人民政府	全国劳动模范称号464人	李凤莲、赵占魁孟泰等
全国先进生产者代表会议	1956年4月30日—5月10日	中共中央、国务院	全国先进集体称号853个，全国先进生产者称号4 703人	裔式娟、华罗庚钱学森、夏鼐等

续表

会议	时间	颁奖机构	表彰情况	代表人物
全国工业、交通运输、基本建设、财贸方面社会主义建设先进集体和先进生产者代表大会（全国群英会）	1959年10月25日—11月8日	中共中央、国务院	全国先进集体称号2 565个，全国先进生产者称号3 267人	王崇伦、倪志福张秉贵、时传祥王进喜、赵梦桃等
全国教育和文化、卫生、体育、新闻方面社会主义建设先进单位和先进工作者代表大会（全国文教群英会）	1960年6月1日—11日	中共中央、国务院	全国先进单位称号3 092个，全国先进工作者称号2 686人	林巧稚、陆玉琴等

（资料来源：中华全国总工会经济技术部.新编劳模工作手册[M].北京：中国工人出版社，2012.）

从这4次表彰的会议名称来看，表彰的评选条件和表彰对象的侧重点有所不同。这些变化与当时不同阶段国家恢复生产、发展工业、提高劳动生产力水平的状况紧密相关。通过对先进生产者和先进工作者的评选宣传，也对全社会劳动者起到了动员作用，实现了“艰苦奋斗、无私奉献”劳动价值观的广泛传播，对经济社会发展起到了重要促进作用。第二个五年计划之后到1976年，由于种种原因，劳模评选中断。

（三）变革发展：勇于创新，敢为人先

“文化大革命”结束后，党中央发出建设有中国特色的社会主义的伟大号召，拉开了改革开放的大幕。劳模评选工作也迅速得到恢复。从1977年4月到1979年12月，短短两年多的时间里，中共中央、国务院连续召开了5次全国劳模表彰大会；从1989年至2012年，国务院召开了5次全国劳动模范和先进工作者表彰大会（表4–2）。

表4–2　1977—2012年劳动模范表彰情况

会议	时间	颁奖机构	表彰情况	代表人物
全国工业学大庆会议	1977年4月20日—5月14日	中共中央、国务院	全国大庆式企业、全国先进企业称号2 126个，全国先进生产者称号385人	黄荣昌、王运岐等

续表

会议	时间	颁奖机构	表彰情况	代表人物
全国科学大会	1978年3月18日—31日	中共中央、国务院	全国先进集体称号826个，全国先进科技工作者称号1 213人	陈景润、林巧稚等
全国财贸学大庆学大寨会议	1978年6月20日—7月9日	中共中央、国务院	全国财贸战线大庆式企业称号736个，全国劳动模范和先进生产者称号381人	张秉贵、李秀玲等
国务院表彰工业、交通、基本建设战线全国先进企业和全国劳动模范大会	1979年9月28日	国务院	全国先进企业称号118个，全国劳动模范称号222人	陈福汉、顾思乡等
国务院表彰农业、财贸、教育、卫生、科研战线全国先进单位和全国劳动模范大会	1979年12月28日	国务院	全国先进单位称号351个，全国劳动模范称号340人	申纪兰、袁隆平等
全国劳动模范和先进工作者表彰大会	1989年9月28日—10月2日	国务院	全国劳动模范称号1 987人，全国先进工作者称号803人	徐虎、申纪兰、包起帆、邓稼先、蒋筑英、聂卫平等
全国劳动模范和先进工作者表彰大会	1995年4月29日	国务院	全国劳动模范称号2 157人，全国先进工作者称号716人	徐虎、申纪兰、孔繁森等
全国劳动模范和先进工作者表彰大会	2000年4月29日	国务院	全国劳动模范称号1 931人，全国先进工作者称号1 015人	徐虎、李素丽、吴登云等
全国劳动模范和先进工作者表彰大会	2005年4月30日	国务院	全国劳动模范称号2 124人，全国先进工作者称号845人	许振超、姚明、刘翔、孔祥瑞、宋鱼水、王顺友等
全国劳动模范和先进工作者表彰大会	2010年4月27日	国务院	全国劳动模范称号2 115人，全国先进工作者称号870人	窦铁成、李瑞英等

（资料来源：中华全国总工会经济技术部.新编劳模工作手册[M].北京：中国工人出版社，2012.）

从1977年4月到1979年12月，短时间内进行如此密集的劳模表彰，主要是因为“文化大革命”期间，国家的经济社会发展遭受巨大创伤，迫切需要发挥劳动模范的引领作用，带动全社会发扬劳模精神，艰苦奋斗、发展经济，推动社会主义现代化建设。

这期间，评选劳模和先进集体的根本标准是：“判断一个职工是不是模范，一个集体是不是先进，归根到底要看其在生产力发展方面是不是起了显著作用，对社会主义建设是不是做出了较大的贡献。”[1]具体在评选范围上，主要包括四类人员：超额完成全国先进定额和计划指标有重大贡献者，在完成生产建设任务、实现增产节约方面有重大贡献者，在生产技术上有重大改革或者有重大合理化建议者，在创造发明、科学研究方面有重大贡献者。从评选标准和评选条件来看，这一时期劳动价值导向的时代性特质十分明显，那就是紧紧服务于社会主义现代化建设。[2]随着邓小平明确提出，“知识分子是工人阶级的一部分”，袁隆平等知识分子和科研工作者成为劳动模范队伍中的新成员。

时隔近十年后，1989年，国务院举办了全国劳动模范和先进工作者表彰大会。从1995年以后，全国劳模表彰大会固定为每5年召开一次，劳模评选作为一种制度化、常态化的活动逐渐稳定下来。广大劳动群众不仅发扬吃苦耐劳、艰苦奋斗的高尚品格，更是在开拓创新、苦干实干中创造了中国奇迹，业务精湛、技术卓越、锐意进取、敢为人先的劳模形象更加深入人心。

（四）光荣绽放：民族的精英，人民的楷模

进入新时代以来，召开了两次全国劳动模范和先进工作者表彰大会（表4–3）。2013年以来，习近平先后使用“民族的精英”“人民的楷模”“共和国的功臣”“是我国劳动人民的杰出代表，是祖国和人民的骄傲”“是劳动群众

---

1 全国供销合作总社．中国供销合作社史料选编（第1辑）[M]. 北京：中国财政经济出版社，1986.

2 中华全国总工会．中国工会百科全书（上卷）[M]. 北京：经济管理出版社，1998.

的杰出代表，是最美的劳动者”等表述，充分肯定了广大劳动模范和先进工作者。习近平指出，劳模精神丰富了民族精神和时代精神的内涵，生动诠释了社会主义核心价值观，是我们的宝贵精神财富和强大精神力量，这些重要论述既强调了劳模精神作为精神财富的重要意义，更凸显了劳模精神的时代内涵。

表4-3　新时代以来劳动模范表彰情况

会议	时间	颁奖机构	表彰情况	代表人物
庆祝“五一”国际劳动节暨表彰全国劳动模范和先进工作者大会	2015年4月28日	中共中央、国务院	全国劳动模范2 064人，全国先进工作者904人	巨晓林、白永明等
全国劳动模范和先进工作者表彰大会	2020年11月24日	中共中央、国务院	全国劳动模范1 689人，全国先进工作者804人	孙泽洲、陶建伟等

资料来源:《中共中央 国务院关于表彰全国劳动模范和先进工作者的决定》[N]. 人民日报，2015-04-29;《中共中央 国务院关于表彰全国劳动模范和先进工作者的决定》[N]. 人民日报，2020-11-25。

自1950年至今，国家累计表彰全国劳动模范和先进工作者34 008人次。一方面每个时期劳动模范的评选标准、评选范围及选树典型有所差异，主要跟当时社会生产力发展水平、经济发展程度和劳动价值导向有密切的关系，劳模精神内涵相应地被赋予了特有的时代元素，这充分体现了事物发展中“变”的特质。另一方面，劳动模范作为时代的领跑者，劳模精神成为时代精神的具体体现，引领社会大众投身于社会主义事业建设的导向不曾改变，充分体现了规律性“不变”的特质。

思想碰撞

每个时期，劳模精神都有不同的侧重点，你认为新时代的劳模精神应该具备哪些要素？

二、劳模精神的科学内涵

2020年11月24日，习近平在全国劳动模范和先进工作者表彰大会上用24个字进一步对劳模精神进行了生动概括："在长期实践中，我们培育形成了爱岗敬业、争创一流、艰苦奋斗、勇于创新、淡泊名利、甘于奉献的劳模精神。""爱岗敬业、争创一流"是劳模精神的本质特征，"艰苦奋斗、勇于创新"是劳模精神的品质，"淡泊名利、甘于奉献"则是劳模精神的价值追求。

视频

中国共产党人的精神谱系——劳模精神

（一）爱岗敬业、争创一流

爱岗敬业、争创一流是指劳模对于岗位与职业的高度热爱，对于事业无止境的追求与拼搏，集中体现劳模对国家、社会、职业的高度责任感、使命感和舍我其谁的主人翁精神。爱岗敬业是劳动模范评选的第一标准（图4-2），强调"爱"和"敬"。"爱"是指对岗位和职业的热爱之情，"敬"是对岗位和职业的尊敬之情，二者为一体，是成就事业发展的重要动力源泉。干一行爱一行，干一行精一行，只有对自己从事的岗位和职业有热爱和尊敬，才能通过努力工作不断提升自我，进而在工作中有所收获，有所成就。

图4-2 爱岗敬业

1. 爱业、敬业、乐业

梁启超曾说过："人生能从自己职业中领略出趣味，生活才有价值。"对工作始终保持一颗热忱的心，才能从中体会到工作带来的一种乐趣。此时，工作不再是外界强加的任务，而是内在的一种自觉行动，因为由衷热爱，工作起来才会更有动力。

说起天安门广场，每个人都知道那里有矗立着的人民英雄纪念碑、迎风飘扬的五星红旗、庄严肃穆的城楼。可很多人不知道的是，在这份庄严整洁的背后，是无数为了它默默付出着的人，天安门保洁班班长蔡凤辉就是其中一位。蔡凤辉的职业还有另外一个名字是天安门的“美容师”。她和同事们曾弯着腰在天安门广场上清理出了五六十公斤的口香糖，要保证熙来攘往的广场上，每平方米的灰尘残存量不超过5克，她们曾经连续奋斗190个小时，只为了国旗护卫队走过的地面一尘不染。9年来，每逢法定节假日或有重大会议召开，天安门广场人潮涌动。无论是炎炎烈日，还是数九寒天，蔡凤辉都能带领团队出色完成28万平方米的清扫工作。她说：“我喜欢保洁这个行业，我愿做一生的环卫人。”

蔡凤辉对岗位的坚守不仅仅是因为热爱，更源于她对自己职业的尊重，对岗位尽职尽责，并坚定不移地坚守。她没有超于常人的智慧，却能在工作中逐渐摸索规律，实现创新发展。正是因为有了像她这样一群对事业真挚热爱和不懈追求的优秀劳动者，才成就了天安门的美丽与整洁。

2. 干就干一流，争就争第一

“干就干一流，争就争第一”，这是许振超的座右铭，他是我国新时期产业工人的杰出代表之一。1984年，34岁的许振超被选为青岛港第一批集装箱桥吊司机。桥吊司机的工作是在四五十米的高空仅凭左右手控制操纵杆，指挥吊具升降、前进和后退，在集装箱里“穿针引线”。仅有初中文化水平的许振超立足本职，干一行、爱一行、精一行，练就了“一钩准”“一钩净”“无声响操作”等绝活，亲手带出“王啸飞燕”“显新穿针”等一大批工人品牌。在许振超看来，即使作为一名普通的桥吊司机，只有三尺操作平台，也拥有可以有大作为、报效国家的无限空间。2003年4月27日，在“地中海法米娅”轮的装卸作业中，振超团队创造了每小时单机效率70.3自然箱和单船效率339自然箱的世界集装箱装卸纪录。此后，他们又先后9次刷新集装箱装卸世界纪录，使“振超效率”成为港航界的一块“金字招牌”，也成为中国港口领先世界的生动例证。

在许振超的人生道路中，他始终处于不断奋斗的过程中。他直面挑战，迎难而上，不断突破心理的舒适区，突破外在因素的束缚，通过努力一步一步登上更高的平台，做出了不一样的成绩，实现了不一样的人生价值。如今的许振超，仍经常在青岛港“许振超大师工作室”里，和新一代码头工人，围绕自动化集装箱码头技术开展创新工作，他说：“我们不要‘差不多’！要干就尽力做到极致，争取世界领先！”

（二）艰苦奋斗、勇于创新

艰苦奋斗、勇于创新是劳模的一种精神品质，集中体现了劳动模范在持之以恒中，不怕苦、不怕累，革新现有的劳动条件，促进生产技术、生产工艺升级换代的良好风貌。艰苦奋斗强调不怕苦、愿吃苦、能吃苦。在长期的实践中，劳动模范形成了不畏艰难、锐意进取的意志，展现出坚韧不拔、顽强拼搏、奋发向上的精神风貌。勇于创新强调敢于突破、善于突破。在工作中，敢于打破固有的思维定式，探索工作中的新规律和新方法。

1. 甘当艰苦奋斗的“老黄牛”

中华人民共和国成立初期，劳模主要来自工业战线基层的一线产业技术工人。王进喜、时传祥、张秉贵是这一时期的代表人物，他们不怕苦、愿吃苦、能吃苦。在长期的实践中，形成了不畏艰难、锐意进取的意志，展现出坚韧不拔、顽强拼搏、奋发向上的精神风貌，同时保持了艰苦朴素、勤劳节俭的生产、生活作风。

20世纪50年代初，即将开业的北京百货大楼招聘营业员，规定只招25岁以下的年轻人，但当时已经36岁的张秉贵因为自己有“多年的经商经验”而被破格录取。他做梦也没想到自己能当上“新中国第一店”的售货员，他感到十分光荣，也因此从内心更加坚定了为人民服务的信念。由于北京百货大楼客流量大，加之当时社会物资相对匮乏，顾客在买东西时要排很久的队。于是，张秉贵便下决心苦练售货技术和心算法，经过自己刻苦练习，练就了令人称奇的“一抓准”“一口清”技艺。“一抓准”就是一把就能抓准想要的分量；“一口清”是非常快的算账速度。有时候，即便遇到顾客买几种甚至十几二十种糖果，他也能一边称糖一边心算，常常是顾客要买多少的话音刚落，他就同时报出了应付的钱数，后来他又发明了“接一问二联系三”的工作方法。他从1955年11月到百货大楼站柜台，30多年的时间勤勤恳恳、任劳任怨，接待顾客近400万人次，从来没有跟顾客红过一次脸，吵过一次嘴，没有怠慢过任何一个人。他用自己心中的“一团火”，温暖着每一位顾客的心。

回到当下，生活条件日益优越，倡导艰苦奋斗不等同于要回到过去，而是鼓励每个人都能发扬传承“老黄牛”式的精神品质，勤恳奉献、忠诚实干，不怕苦、不怕累，面对挫折困境，敢于迎难而上。

2. 做创新突破的排头兵

创新是一个民族发展的灵魂，是一个民族进步的不竭动力。自古以来中华民族就是富有创新精神和开拓精神的民族。劳动模范就是在中国发展的浪潮中涌现出来的一批闯将，他们在工作中，勇于抛弃旧思想、旧事物、旧方法，不墨守成规，敢于打破固有的思维定式，探索工作中的新规律和新方法；不仅能灵活运用已有知识和经验解决问题，还能不断创新工艺为劳动生产革新和社会发展做出更多贡献。

包起帆在上海有个响当当的名号是“抓斗大王”。他本是一名只有初中文化水平的码头装卸工，如果说他有什么特别之处，那就是喜欢动脑筋，敢闯敢拼。1968年，年仅17岁的他主要工作就是装卸原木。包起帆和工友们装卸原木，都是拿着28毫米粗的钢丝下到船舱，把木头捆起来，再利用吊机吊到舱外去。人要在木材堆上爬来爬去。为了改善工人的安全生产环境，实现用抓斗装卸木材的梦想，包起帆不知道去了多少次图书馆、查了多少次资料、经过了多少个不眠之夜，他刻苦钻研，经过3年坚持不懈的努力，尝遍失败、克服困难，终于成功研制了木材抓斗，并形成了一套完整的“木材抓斗装卸工艺系统”（图4–3）。这项技术创新填补了国际港口装卸工具的空白。

木材抓斗成功后，包起帆仍然坚持哪里生产不安全、哪里效率低，就动脑筋去解决。40多年来，包起帆和同事们共同完成了130多项创新项目，他始终将创新作为动力，不断将创新转换为生产力。

图4-3 木材抓斗

（三）淡泊名利、甘于奉献

淡泊名利、甘于奉献是劳模精神中凝结的恒久不变的核心价值，是劳模精神的内在动力。劳动模范是民族的精英，是劳动群众中的杰出代表，是时代的领跑者。无论是在革命战争年代还是在和平建设时期，无论是在计划经济体制下还是在社会主义市场经济体制下，“淡泊名利、甘于奉献”始终都是他们在平凡工作岗位上的重要行动指南，他们在名利面前坚守初心，在奉献中践行使命，在温暖他人中彰显担当。

1. 只问耕耘，不问得失

提到杨怀远，人们首先想到的就是“小扁担精神”。杨怀远是中国远洋海运集团有限公司上海中远海运的服务员，他挑着一根为人民服务的小扁担，从青年、中年到老年，始终不计报酬，全心全意为人民服务。

文海拾贝

天下万物何所求？只求为人民服务到白头。

——杨怀远

早在1958年，杨怀远在前线部队当炊事班长时，就常常用扁担给战友们挑水送饭，为人民公社挑水抗旱。等到后来当上客运服务员以后，看到需要帮助的旅客，他就用扁担帮大家挑东西。他经常深入到条件最差的五等舱里，为孩子洗尿布，为老人挑行李，为妇女背孩子，先后制定了120多项便民措施。杨怀远也曾担任民主5号轮的政委，但他做出了出人意料的决定：向组织要求重新回到客船上当服务员。于是，他重新挑起扁担，继续为旅客服务。从20

世纪60年代挑到20世纪90年代末，一共挑断了40根扁担。有时候，一些旅客看杨怀远用小扁担挑行李很辛苦，一再要付钱感谢，都被杨怀远谢绝了，他把“为人民服务”刻在了心里。随着时代的进步，也许杨怀远小扁担式的服务方式会被淘汰，但不为名利，服务人民的“小扁担精神”永远都是时代所需。

文海拾贝

你不奉献，我不奉献，谁来奉献；你也索取，我也索取，向谁索取。

——徐虎

2. 在服务他人中实现自我价值

淡泊名利并非是不追求名利、不担当、不作为，而是将自己的个人荣誉融入集体中。工作不是个人工作，而是团队的工作，凝聚了集体的力量，需要大家的共同努力与进步。个人在集体的工作中迈出了进步的一小步，集体才能齐聚力量往前走。

图4-4 在日常生活中帮助居民维修电路

20世纪90年代中期，人们通过媒体认识了一名普通的水电维修工徐虎。徐虎在这个平凡的岗位上，长期积极主动为民排忧解难，谱写了一曲新时代的雷锋之歌。徐虎自从事水电维修工作以来，10多年如一日，风雨无阻，奔波于6 000多户居民中（图4-4）。修电路、通水路、掏马桶，他每天都重复着相同又琐碎的工作；为了居民们报修的便利，他还制作了3只“特约报修箱”挂在居委会、电话间墙上。多年来，徐虎每天晚上7点准时打开报修箱，义务为居民修理2 100余处故障，花费了6 300多小时的业余时间。他用“辛苦我一人，方便千万家”的奋斗奉献精神，得到广大人民群众的信赖和喜爱。

生活中像徐虎这样的人还有很多。一定有人心里会好奇：修电灯、疏通马桶也能成为全国劳模，成为“100位中华人民共和国成立以来感动中国人物”之一？是的，奉献不一定是惊天地、泣鬼神的壮举，也可以是平凡工作和生活中持之以恒、乐于助人的一个简单行为，奉献热血和生命、奉献青春和才智、奉献辛劳和汗水都是奉献的表现形式，用自己所会所行所能用心奉献，为人民服务，就能做出不同凡响的成绩。如今上海的电信、通信、网络、电话等报修设施都很齐全了，徐虎的“服务箱”已经完成了自己的历史使命，但徐虎身上的奉献精神并没有过时，这是在任何时代都需要传承下去的致力于在平凡岗位上为他人“雪中送炭”的宝贵精神财富。

〔行〕之有〔效〕

行 用青春擦亮奋斗的底色

2014年，中专毕业的李瑞瑞，通过招工进入德州恒丰纺织品有限公司，成为细纱车间的一名值车工。当时18岁的她，看着飞速旋转的纱穗，心里特别紧张。但她并没有被眼前的困难吓退，反而暗下决心，一定要做一名合格的值车工，并且要当劳模、当操作能手。

眼疾手快成为金牌员工

细纱车间是纺织厂劳动强度最大的车间，一年四季都得在较高的温度中工作，特别是每年7—9月高温高湿季节，每日重复同样的工作，环境的严苛、操作技术的高要求让她一度打起了退堂鼓。但是凭借着对纺织行业的热爱，李瑞瑞坚持了下来，她将精力全部用在了“琢磨事上”。接线头是最考验值车工技术的活儿，师傅操作时，李瑞瑞就在旁边仔细观察，虚心请教。有时为了纠正一个动作，她连续四五个小时不间断地练习，顾不上喝水、吃饭，揣摩动作要领，食指上被勒出一道道细小的血口，血口不断地愈合、裂开，直到把动作练习规范（图4-5）。

靠着勤学苦练，李瑞瑞的接线头速度不断提升，实现“43s接10个线头”，比同期学员平均速度快10s。2015年，李瑞瑞代表集团参加了9月份的全市首

图4-5
李瑞瑞在车间操作接线

届职工职业技能大赛细纱操作工竞赛，最终她凭借着扎实的基本功，以“27.5s接10个线头”的成绩获得第一名，这比一级值车工接线头速度快了15.5s。

矢志创新提升产品质量

企业经常引进新的细纱机设备以及纱线品种，新型纺纱设备，其操作与传统的工作法相差很远，产品质量很不稳定。李瑞瑞主动要求到车位看车，通过一边看车一边仔细琢磨，在粗纱认头方式上做了大量的对比试验，终于确定了一套合理的操作方法。随着段彩品种逐步扩展，由小的样品逐步批量生产，出现了段入不良纱、缠上销纱等一系列问题，质量极不稳定，达不到客户的要求。情急之下，李瑞瑞就日夜盯在车位上观察，反复推敲，通过“段彩纱拔管生头法”，解决了段入不良纱这一难题，从而总结形成了一整套比较完善的“段彩纱操作法”，既保证了产品质量，又为段彩项目的大量推广奠定了操作基础，为新产品打开市场保驾护航。经过她的不懈努力和调整，纱线质量得到客户认可。2019年，新品种J14.6（3T）介入纺接到了有史以来第一批订单。工作以来，她先后参与了9项技术创新。

毫无保留做好传帮带

图4-6
李瑞瑞向同事分享自己的新技术

随着一批批新人陆续进入企业，李瑞瑞主动承担起传帮带的任务（图4–6）。为了让新工人在最短时间内上手，她因材施教，最大限度地激发他们的学习兴趣、适应能力。每天列出学习计划，加大新工人之间的锻炼与操作。在她的努力下，新工试用期由原来3个月缩短到一个半月，缓解了车间用工紧缺的问题，减少了因操作不良造成的线疵。在她的带动下，车间平均看台水平由原来的4台提高到现在的5.5台，车间的整体用工每班节省了20人，为公司降低用工成本18万元。

效 李瑞瑞在18岁时进入职场，在纺织机前面一站就是6年，从一名普通的学徒工到德州市金牌员工、德州市劳动模范、齐鲁首席技师、山东省纺织行业首席技师、山东省劳动模范、全国优秀农民工，每一个荣誉的背后，都是李瑞瑞辛勤劳动的回报。在她的身上，有对岗位的热爱、坚守，有超乎其他人的勤奋，李瑞瑞用自己的不服输的精气神编织了自己的美丽青春，也展现了劳动者的风采。

〔思〕之有〔得〕

思 劳模精神是我们时代的宝贵财富，是激励全国各族人民应对各种机遇和挑战，团结奋斗、勇往直前的强大精神力量。有的人认为，要想当劳模，就要牺牲自己的利益，那就无法实现自己真正的价值。有的人认为，被评选为劳模以后，就不需要像之前那样爱岗敬业了。你是如何看待这些说法的？你认为劳模有什么样的作用？

得 习近平在讲话中指出，“劳动模范和先进工作者是坚持中国道路、弘扬中国精神、凝聚中国力量的楷模，他们以高度的主人翁责任感、卓越的劳动创造、忘我的拼搏奉献，为全国各族人民树立了学习的榜样”[1]。注重表彰劳动模范、弘扬劳模精神是我们党的优良传统。从革命战争年代起，特别是中华人民共和国成立之后，我们党高度重视劳动模范的评选和表彰，在全社会形成了向劳模看齐，弘扬劳模精神的社会风尚。

劳模精神凝结着中华民族的优秀品德，为社会发展凝聚向上向善的氛围提供了强大力量。虽然劳模精神的内涵随着人们劳动活动、工作实践的深化和拓展不断丰富发展、与时俱进，但劳模精神的价值追求和精神引领未曾改变。大力弘扬劳模精神，有助于进一步激发大家心中蕴藏的劳动热情，焕发大家传承劳模精神的积极性。在实现伟大梦想的征程中，我们只有积极向劳模看齐，践行劳模精神，激发昂扬的拼搏斗志，才能为实现中国梦凝聚起磅礴的中国力量。

第四单元
交互式测验

1 习近平．庆祝“五一”国际劳动节暨表彰全国劳动模范和先进工作者大会隆重举行[N]. 人民日报，2015.

第五单元

劳动精神

学习目标

素养目标

树立科学的劳动观。

结合自己的劳动经历，正确认识劳动的形态。

养成良好的劳动习惯、劳动品德，培养基本的劳动素养（图 5-1）。

知识目标

了解劳动的内涵。

了解劳动精神发展渊源。

掌握劳动精神的丰富内涵。

图5-1 各行各业的劳动者

〔言〕之有〔理〕

言 上而勤，万里青云可致身；

农而勤，盈盈仓廪成红陈；

工而勤，巧手超群能动人；

商而勤，腰中常缠千万金。

噫嘻噫嘻复噫嘻，只在勤兮与懒兮。

丈夫志气掀天地，拟上百尺竿头立。

百尺竿头立不难，一勤天下无难事。

不懒戒懒，能勤真勤，就有机会机遇。

——节选自《解人颐·勤懒歌》

理 《解人颐·勤懒歌》是我国明末清初小说家钱德苍的代表作品。整篇诗是对古代的“四民”——士、农、工、商进行劝勤戒懒，旨在劝告人们，只要勤奋做事，天下就没有难做的事情。这里讲“勤”就是讲“劳动”，劳动是勤奋的载体，鼓舞人们要辛勤劳动，人勤则家兴，民勤则国富。勤劳是中华优秀传统文明积淀下来的宝贵品质，生活中只有播种勤劳的种子，才会收获丰硕的果实。

从古至今，人们用辛勤的劳动和无穷的智慧创造了灿烂的历史文化。从钻木取火到火星钻探，从栖息洞穴到高楼大厦，从印刷术到激光照排技术，从刀耕火种到联合收割机，人类所有的进步都充分体现了劳动人民的辛勤与智慧，体现了劳动者的光荣和创造者的伟大。人民创造历史，劳动开创未来。劳动是推动人类社会进步的根本力量。一个国家的命运掌握在千千万万人民手中，唯有通过辛勤劳动、诚实劳动、创造性劳动，才能为民族发展注入恒久的动力，才能凝聚起建设社会主义现代化强国的磅礴力量。

〔求〕×之有×〔道〕

求 **劳动精神从何而来？如何理解劳动精神的科学内涵？**

道 一、劳动精神的由来

人类辉煌的文明史本质上是人类劳动的创造史和发展史，是由低到高不同社会形态的历史演进，是以劳动作为引擎力推动人类社会生产方式不断变迁的过程。劳动精神就是在人类生产发展中积淀而成，集中反映了人类在劳动过程中的劳动观念、劳动品质、劳动态度和劳动精神风貌。

（一）人类劳动形态的递进

劳动工具是人类社会生产力发展水平的主要标志，是人类从事劳动不可或缺的基本条件。劳动工具的每次重大进步，都会推动社会历史形态不断向前发展。依据劳动工具的演进，我们可以将人类劳动形态分为手工劳动（图5–2）、机器劳动（图5–3）、自动化劳动（图5–4）、智能化劳动（图5–5）四种（表5–1）。

表5-1 人类劳动形态的变革

劳动形态	特点	知识点理解	
手工劳动	1. 人是生产力系统的主体，以劳动者手工操作为主； 2. 劳动效率低下，局限性较多	通过劳动获得满足生存需要的基本事物，可以延续生命	图5-2 手工劳动
机器劳动	1. 劳动工具成为生产力系统的主体，以劳动者操控机器开展劳动为主，辅助手工劳动； 2. 可实现大量生产、连续生产，劳动效率大大提升	促进劳动者解放，使劳动者从高难险重、有毒有害、简单重复的工作中解脱出来	图5-3 机器传输代替人工传输
自动化劳动	1. 劳动工具是生产力系统的主体，机器自动化取代大部分人力劳动，对劳动者脑力劳动要求更高； 2. 生产能力提高，生产成本降低	人需要通过编程设计一定的程序或者功能操控机器代替人劳动	图5-4 提前设置编程操控机器
智能化劳动	1. 劳动者以更高的要求处于生产力系统的顶端，人的脑力劳动支配劳动过程，劳动者支配劳动工具，从根本上改变在劳动中机器代替人类技能的本质，可实现模仿人的思维； 2. 科学技术转化为直接生产力速度加快，个人直接参与劳动的过程减少，为劳动者创造更多灵活的工作空间	1. 在智能化劳动以更接近人类劳动方式的前提下，可替代人的岗位越来越多，容易引发普通劳动者收入降低或者失业； 2. 需要进一步解决技术问题，法律、伦理及利益格局重组等问题	图5-5 智能监测蔬菜成长状态

人类社会经历的种种变化，都是人类劳动的结晶。从过去“吃不饱”到“吃得好”，再到“吃得健康”，从茅草房、土坯房到平房再到楼房，从大杂院到宽敞的小区等，这些都伴随着劳动的进步而逐渐提高。随着人类社会的不断进步，更大范围、更深层次、更广领域的劳动内容正在形成，人类的生活也在劳动水平的提升下朝着更丰富、更多元的方向发展。

（二）劳动精神的面面观

“劳动是推动经济社会发展的根本力量，是人的本质。”[1]劳动精神作为劳动的精神产物，既体现了马克思主义理论的思想性，又体现广大劳动者劳动的实践性，既蕴含了优秀传统文化的基因，又与中国共产党领导中国人民长期奋斗实践密不可分。

1. 马克思主义劳动观与劳动精神

马克思（图5–6）和恩格斯关于劳动的重要研究论述内涵深厚、意蕴丰富，是人类思想精华的宝库，为中国实践探索发展提供了科学方法论依据。劳动是人类的本质，没有劳动就没有人类生存，也就没有人类的发展。人类社会经过辛勤劳动，通过体力劳动和智力劳动不断地改造客观世界，创造了人类全部的物质财富和精神财富，开创了人类美好的未来。

> **文海拾贝**
>
> 全部人的活动迄今为止都是劳动。
>
> ——马克思

习近平强调，“劳动是推动人类社会进步的根本力量”“人类是劳动创造的，社会是劳动创造的”。劳动是财富的源泉，也是幸福的源泉。人世间美好梦想，只有通过诚实劳动才能实现，发展中的各种难题，只有通过诚实劳动才能破解，生命里的一切辉煌，只有通过诚实劳动才能铸就[2]。

1　习近平．在庆祝“五一”国际劳动节暨表彰全国劳动模范和先进工作者大会上的讲话 [N]. 人民日报，2015.

2　习近平．习近平谈治国理政第 1 卷 [M]. 北京：外文出版社，2018.

图5-6
马克思

马克思主义劳动观深刻体现出广大群众通过劳动在社会发展中发挥积极能动的作用。劳动精神是社会主义劳动者在劳动中推动社会发展和实现精神文明建设的产物，中国特色社会主义开辟了社会主义在中国发展的独特进程，而劳动精神在这一独特进程中不断焕发出强大的生命力、创造力、凝聚力、影响力，成为中华民族宝贵的精神财富，在中华民族站起来、富起来、强起来的伟大进程中发挥了不可替代的重要作用。因此，用马克思主义劳动观指引人生发展具有重大意义和重要价值。

2. 优秀传统劳动文化与劳动精神

在中华民族悠久的历史长河中，优秀传统文化始终包含着朴素而先进的劳动思想。远古时期，先民们已经形成了热爱劳动、崇尚劳动的光荣传统。《左传》中“民生在勤，勤则不匮”表明人民的生存生活在于勤劳，通过勤劳可以摆脱贫穷匮乏。“业精于勤荒于嬉”“天上不会掉馅饼”“勤能补拙”“勤劳致富”告诫我们劳动可以使人聪颖，劳动可以使人进步，劳动是人的立身之本。“天道酬勤”告诉我们唯有不懈地劳动，才能收获成功。这些都深刻地反映了从古至今我国劳动人民对劳动的尊重和认同。几千年以来，这些共同的文化认知融汇贯穿于中华民族的历史血脉中，最终形成了中国人民热爱劳动、崇尚劳动的精神和勤劳朴实、吃苦耐劳的品质。

古代四大发明、万里长城、颐和园和都江堰（图5-7 ~ 图5-10），无一不是中华民族辛勤劳动的结晶。劳动精神，是几千年的中国传统文化作为“活”的灵魂融入了民族精神之中，代表的是一个民族的价值观和道德观，展示的是中华民族勤劳勇敢、刻苦耐劳的崇高品格，体现的是中华民族与时俱进、开拓创新的精神文化风貌。

图5-7
印刷术

图5-8
万里长城

图5-9
颐和园

图5-10
都江堰

3. 长期奋斗实践与劳动精神

从中国革命、建设、改革到今天，与时俱进的中国特色社会主义探索都为劳动精神的丰富与发展提供了现实土壤。中国人民在辛勤劳动中积累了宝贵的劳动经验，见证了中国社会的发展，凝聚了中国力量，为劳动精神不断注入新的时代内涵。土地革命时期，党在革命根据地开展打土豪、分田地，废除封建剥削和债务，满足了农民对土地的要求，极大地激发了广大农民的劳动热情。抗日战争时期之后，党领导根据地人民开展了大规模的大生产运动，边区军民边生产、边战斗，其中最具有代表性的就是“南泥湾大生产”，在这个过程中，孕育了自力更生、艰苦奋斗的精神，也成为劳动精神的重要组成部分。解放战争时期，党在解放区实行“耕者有其田”、按人口平均分配土地等政策，极大地提高了农民的生产积极性和革命热情，在劳动人民中树立了“劳动光荣、劳动致富”的劳动观念。中华人民共和国成立以后，人民当家作主，建设自己的国家。在党的领导下，全国各族人民在自己岗位上勤勤恳恳、艰苦创业。改革开放以后，人民焕发出的劳动热情汇聚成奋进的力量，改变着社会的面貌。知识分子和科研工作者成为劳动模范队伍中的新成员。进入新时代，随着天宫建站、“蛟龙”潜海、港珠澳大桥全线贯通、首艘国产航母下水等一大批超级工程的完工，刷新了一个又一个“中国制造、中国创造、中国建造”的奇迹，这些成就都离不开广大一线劳动者的艰苦奋斗与默默奉献。

二、劳动精神的科学内涵

2018年9月10日，习近平在全国教育大会上的重要讲话中提出，“在学生中弘扬劳动精神，教育引导学生崇尚劳动、尊重劳动，懂得劳动最光荣、劳动最崇高、劳动最伟大、劳动最美丽的道理，长大后能够辛勤劳动、诚实劳动、创造性劳动”。2020年11月24日，在全国劳动模范暨先进工作者表彰大会上，习近平进一步明确了劳动精神的科学内涵，即“崇尚劳动、热爱劳动、辛勤劳动、诚实劳动”。劳动精神面向全社会劳动者，具有普遍性、广泛性和基础性。

1. 崇尚劳动

崇尚劳动是对劳动和劳动者的尊重和崇敬，分为两个层面：一是要尊重劳动；二是要尊重劳动者。强调价值层面对劳动的认识，要树立正确的劳动价值观，充分认识“劳动最光荣、劳动最伟大、劳动最崇高、劳动最美丽”。

劳动价值有大有小，劳动有分工，但劳动职业无贵贱（图5–11）。提到掏粪，很多人会觉得丢人，但在时传祥看来，能以一人脏，换来万家净，这是非常光荣的工作。在中华人民共和国成立后的近20年的时间里，时传祥日复一

图5-11 劳动有分工，劳动无贵贱

日、挨家挨户地给北京群众掏粪扫污。他常说：“咱要一人嫌脏，就会千人受脏，咱一人嫌臭，就会百家闻臭。俺脏脏一人，俺怕脏就得脏一街。”1959年，时传祥被评为“全国劳动模范”，受到当时的国家领导人刘少奇接见，刘少奇把自己的英雄牌金笔送给了时传祥，并诚挚地说：“你掏大粪是人民勤务员，我当主席也是人民勤务员，这只是革命分工不同，都是革命事业不可缺少的一部分。”

“在我们社会主义国家，一切劳动，无论是体力劳动还是脑力劳动，都值得尊重和鼓励；一切创造，无论是个人创造还是集体创造，也都值得尊重和鼓励。[1]”人民群众是一切物质财富和精神财富的创造者，我们不仅要尊重劳动，尊重劳动过程，还要尊重劳动者，珍惜他人劳动的成果。

思想碰撞

请说说你对下面表述的理解，你是否认同？为什么？

1. 学而优则仕。

——《论语·子张》

1 习近平．在庆祝“五一”国际劳动节暨表彰全国劳动模范和先进工作者大会上的讲话 [N]. 人民日报，2015.

2. 劳心者治人，劳力者治于人。

——《孟子 · 滕文公上》

3. 万般皆下品，唯有读书高。

《神童诗》

2. 热爱劳动

我国宪法规定：“劳动是一切有劳动能力的公民的光荣职责。”一个公民，无论是什么职位，只要有热爱劳动的真挚情感和正确认识，不论从事什么形式的劳动，都可以为社会贡献自己的力量，都可以成为一个合格的公民。热爱劳动是对劳动本身的热爱，侧重于情感层面，通过内心对劳动的真挚情感从而激发劳动者对劳动创造财富、创造幸福的深刻认识，进而将对劳动的价值认同转化为劳动热情，促进劳动者自觉劳动、积极劳动、主动劳动，并从劳动中找寻快乐幸福。

热爱劳动是中华民族的传统美德，也是个人高尚品德的重要体现。在现实社会中，生活条件优越，加之劳动教育存在一定薄弱环节，许多学生劳动机会减少，劳动意识缺乏，出现了不少不会劳动、轻视劳动、不珍惜劳动成果的现象，这种状况不利于个人的成长。幸福不会从天而降，梦想不会自动成真。实现我们的奋斗目标，开创我们的美好未来，必须要通过劳动来实现。只有热爱劳动，才能进一步焕发劳动热情，释放创造潜能，通过劳动创造更加美好的生活。

思想碰撞

以下为生活中几种常见的劳动内容（图5-12~图5-17），请结合实际情况，谈谈你喜欢哪一种？不喜欢哪一种？你会做哪种？不会做哪种？今后准备学什么劳动技能？

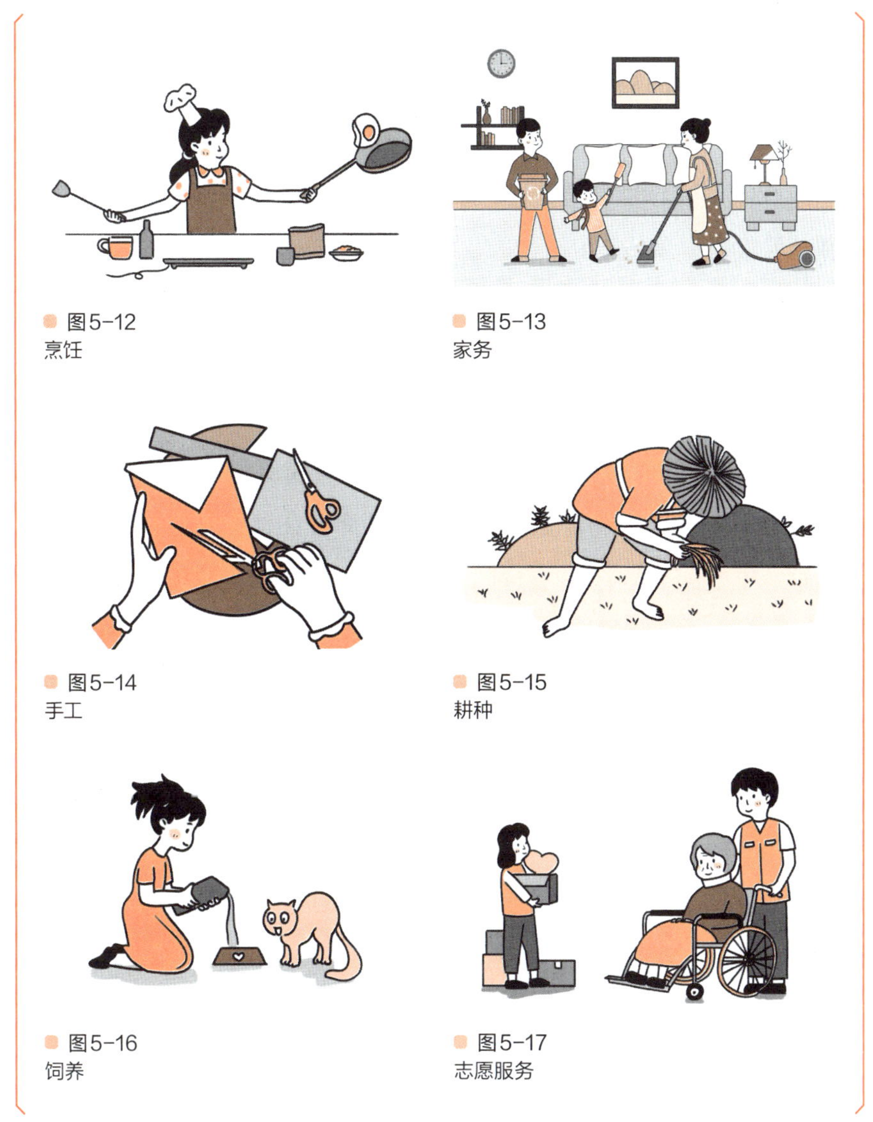

图5-12
烹饪

图5-13
家务

图5-14
手工

图5-15
耕种

图5-16
饲养

图5-17
志愿服务

3. 辛勤劳动

辛勤劳动是辛辛苦苦、勤勤恳恳从事生产劳动，为他人和社会及时有效地提供产品和服务，是对劳动过程及其强度的充分肯定。侧重苦干，是通过脚踏实地、坚持不懈、兢兢业业、吃苦耐劳，扛得住各种不利因素与艰难困苦，用辛勤的汗水去完成自身的劳动使命。

1990年，刚来到新中农场的徐兰香只是一名临时胶工。由于刚开始技术掌握得不好，她的割胶产量只有其他人的一半。她从一开始就严格要求自己，一定要比别人付出更多，比别人做得更多、更好。当时，只要大家集中在一起练割胶技术，她总是第一个到、最后一个走。在徐兰香看来，不管干哪一行，只要认真勤奋，就能干好。

对于没有从事过割胶工作的人来说，很难想象割胶工的工作有多辛苦。海南白天气温高，高温会降低胶树的产胶量。为了能够多产胶，割胶工必须选择一天中温度最低的凌晨工作。每天凌晨两点钟，徐兰香就顶着露水，去农场12队的橡胶林里割早胶。万籁俱寂的胶林里，胶刀划过树身的声音传遍胶林，偶尔也会有一两声鸟鸣。徐兰香在这两种声音的伴随下，开始了她一天的劳动。这一干就到了早上七八点钟。经过刻苦练习，半年后她成了农场里的一级胶工。一年下来，她累计产胶超过12吨，比一般的工人要多8~9吨。多年来，她从没放松对割胶技术的要求，年年都保持一级割胶技术水平。她一心扑在胶园，在默默无闻的岗位上做出了不平凡的贡献。从一个外来打工妹，到成长为党的十六大代表、全国劳模，徐兰香在垦区的胶园里洒下了辛勤的汗水，成就了胶园，也成就了自己。

辛勤劳动（图5-18），既有“辛苦”又有“勤劳”。“辛苦”是指无论从事什么职业，处于哪个岗位，都需要付出汗水与辛劳，只有通过点滴的付出，才能取得收获与成果。“勤劳”包含“勤学习”和“勤劳动”两个方面的内容。勤学习，指一个人要树立终身学习的理念，立足岗位，向前辈、向领导、向同事虚心学习，在实践中学技能，学知识，不断提升自我。勤劳动，就是要脚踏实地、奋

图5-18
辛勤劳动

发干事，勤动手、勤动脑、勤做事。

4. 诚实劳动

诚者，天之道也；思诚者，人之道也。诚实劳动是每个劳动者所必须具备的优良品质。何为诚实劳动？就是劳动时做到全身心投入、不弄虚作假、认真踏实，保质保量地完成劳动任务。这是劳动者的一种品行和美德。

诚实劳动集中表现在三方面：一是劳动认知客观；二是劳动行为务实；三是劳动成果真实。劳动认知客观就是指劳动者在从事劳动中自身所掌握和拥有的知识、技能、技巧是客观正确的。劳动行为务实是指在劳动过程中，坚持实事求是，能对自己面临的问题运用所学进行合理分析和把握。劳动成果真实，就是不夸大造假，真实对待劳动成果，反对一切不劳而获和投机取巧。走进"中国蔬菜之乡"山东寿光，随处可见以一个人的名字命名的蔬菜品牌——"乐义"，而这个人就是把诚信作为毕生最大追求的王乐义。1978年，王乐义被推选为三元朱村党支部书记。1989年，他带领三元朱村建起了17个冬暖式大棚，掀起了一场蔬菜种植革命。1992年，无公害蔬菜首次在三元朱村开发成功，取得了国家质检局发放的无公害农产品标志证书。2001年，他在村里组织开展了以创建文明信用蔬菜基地、文明信用蔬菜村、文明信用菜农、文明信用农业龙头企业、文明信用经营业户为主要内容的"五信"创建活动。三元朱村生产的蔬菜质量全部达到国际标准，畅销全国各地，并出口到十几个国家和地区。诚信打造了三元朱村的蔬菜品牌，也给村民们带来了实实在在的效益。

王乐义常说，无论从事什么职业，都要做老实人，说老实话，办老实事，用诚实劳动获取财富（图5–19）。他不仅自己坚守诚信的理念，还积极带动他人做诚实守信的模范。2006年农业税全面取消后，他向全国农民朋友发出了"依法诚信纳

图5–19 诚实守信

税，建设社会主义新农村”的倡议。从王乐义对待劳动认知、劳动过程、劳动结果的态度和行为实践可以看出来，实干求真贯穿始终，也正是因为诚实劳动，他的蔬菜广受欢迎，得到了家家户户的认可。

在当前社会中，由于市场竞争愈加激烈，社会文化呈现多元化，面对各种诱惑，诚实劳动就显得更为重要。诚实劳动不仅是对自己负责，更是对他人负责、对社会负责。只有通过诚实劳动，才能真正体会生活的意义，并获得他人对我们的尊重。以次充好、偷工减料、弄虚作假的行为，不仅会损害劳动者自己的信用和名声，同时也可能因为危害到他人而受到法律法规制裁。

思想碰撞

结合自己日常生活中的劳动经历和所学，想想自己在“崇尚劳动、热爱劳动、辛勤劳动、诚实劳动”里做到了哪些方面？

〔行〕之有〔效〕

行 航天事业铸就“钢筋铁骨”技术标兵

2020年11月24日，在北京人民大会堂举行的全国劳动模范和先进工作者表彰大会上，余军伟被表彰为全国劳动模范。他是为航天事业铸就“钢筋铁骨”的技术标兵，是河南航天精工制造有限公司的职工，是河南工业职业技术学院2007届的毕业生。从一名普通的高职学生成长为全国劳模，学校的培养教育为他打开一扇窗，并照亮了他技能报国的人生道路。

2004年，余军伟进入河南工业职业技术学院学习机械设计与制造专业。学校与产业单位合作办学，创新开设了“导师制”的研修班。余军伟积极报名参加，在理实一体化的项目式教学中，从做中学、从学中悟，掌握了应用于生产实际的技术技能，锤炼了“忠、毅”的品性，“严、细”的作风，“精、优”的质量观念。毕业后，余军伟来到河南航天精工制造有限公司工作，凭着扎实的基础和不服输的韧劲，不断用技术创新来实现自己的航天报国梦。

在面对某发动机配套研制任务时，他成功解决了高温合金材料螺栓成型缺陷和模具寿命短的问题，为企业节约大量生产成本；在完成国家某重点工程研制任务中，他以“一次镦锻成形技术”为航天事业提供高科技、高性能紧固件；在轨道交通领域，他研制的制动盘螺栓、螺母，成功替代了进口，打破了国外的技术垄断。工作十几年来，他获得了多项实用新型和发明专利，先后荣获“航天技术能手”“河南省五一劳动奖章”“全国五一劳动奖章”“全国劳动模范”等荣誉。

发挥“传、帮、带”作用，不仅体现在余军伟工作中的“师带徒”，更体现在他言传身教，激励母校学子坚定技能报国理想。2020年12月，他回到母校，在“全国劳动模范座谈交流会”“军工文化大讲堂”上，畅谈自己扎根一线、攻坚克难的执着和坚守。他的学习经历、成长之路、工作成绩、奋斗精神等，成为同学们走向技能成才之路最生动、最亲切、最令人信服的教材。

（资料来源：光明网，有改动。）

效 回顾余军伟的成长经历，在校时，他在刻苦钻研中练就了过硬的专业技能和扎实的工作作风；工作时，他坚持不懈、敢于突破，攻克难题，干一行爱一行、钻一行精一行，在平凡的岗位上干出不平凡的业绩，用坚定的理想信念、不懈的进取精神，脚踏实地做好每一件事，在奋斗中创造了自我价值和集体价值。

〔思〕×之有×〔得〕

思　劳动造就了人类。劳动使我们的生活丰富多彩，人的伟大其实就在于会劳动、能劳动和爱劳动。劳动不仅有关人的健康和智慧，也有关人的快乐和美好。通过本章的学习，你对劳动有了什么新的认识？你如何看待脑力劳动比体力劳动更重要这种说法？结合实际，谈谈你对劳动创造幸福人生的理解。

得　人类是由劳动创造的，社会是由劳动创造的。一切劳动者，无论是体力劳动者还是脑力劳动者，无论是简单劳动者还是复杂劳动者，只要勤学苦练、踏实肯干、持之以恒，就能立足岗位成长成才，在劳动中发现广阔的天地，在劳动中体现自我价值，创造幸福人生。崇尚劳动、热爱劳动、辛勤劳动、诚实劳动，不仅是我们实现人生价值的金钥匙，也是创造美好生活的必经之路。

伟大的事业需要伟大的精神，伟大的精神来自人民。劳动精神不仅是时代精神的生动体现，更是鼓舞全党全国各族人民风雨无阻、勇敢前进的强大精神动力。大力弘扬劳动精神就是让大家“内化于心、外化于行”，让劳动精神在大家的现实生活中落地生根，开花结果。在学习中树立科学的劳动观，激活自我的劳动热情，在劳动实践中获得、提升劳动技能，进而培育劳动素养和劳动品德，努力成为热爱劳动、勤于劳动、善于劳动的高素质劳动者。

第五单元
交互式测验

第六单元

工匠精神

学习目标

素养目标

认识工匠精神与职业素养之间的辩证关系，进而培养职业精神。

具备较强的学习能力和理解能力，能够通过学习坚定职业信念。

知识目标

了解我国工匠精神的发展渊源。

掌握工匠精神的基本内涵（图 6–1）。

了解职业院校学生参加职业技能大赛的意义。

理解工匠精神的独特性，了解工匠精神对培育高素质产业工人队伍的重要价值。

图6–1 匠人精雕细刻

〔言〕之有〔理〕

言 **要在全社会弘扬精益求精的工匠精神，激励广大青年走技能成才、技能报国之路。**

——习近平

理 工匠精神不仅仅是工匠个人独有的精神，更是全民族的精神，应该成为全社会所追求的职业品格。尽管我们不必人人都成为大国工匠，但是人人都可以成为工匠精神的践行者。科学家的工匠精神，体现在一次又一次的重复枯燥的科学实验中，建筑工程师的工匠精神体现在施工方案一次又一次的修改完善中，技术工人的工匠精神体现在对产品质量的精益求精、反复打磨与雕琢之中，文化传播者的工匠精神体现在用匠心传承弘扬中国优秀文化的不懈努力中，快递行业从业者的工匠精神体现在保证每次快递准确及时送达收件人手中，社区工作者的工匠精神体现在服务社会与百姓的一点一滴中。总之，不论从事什么工作，只要在自己的本职岗位上一丝不苟，把工作做到最好，就一定能够成就精彩的人生。这不仅是对工匠精神最好的传承，也是在为社会进步、国家强大作出自己应有的贡献。

〔求〕之有〔道〕

求 工匠精神是从什么时候产生的？如何理解工匠精神的科学内涵和精神实质？

道 一、工匠精神的发展渊源

自古以来，我国就有尊崇和弘扬工匠精神的优良传统。工匠精神引领着一个又一个时代的飞跃，它所凝聚起的强大精神力量，创造出许多前所未有的伟大奇迹。从精益求精的鲁班到追求卓越的高凤林，从爱岗敬业的“两弹一星”元勋到协作共进的嫦娥团队、神舟团队、北斗团队，都展现出我们对工匠精神的继承与发扬。

（一）传统文化中的工匠精神

工匠精神的起源与发展同手工业发展密不可分。在原始社会末期，人类社会在第二次大分工后，手工业从农业中脱离出来，出现了专门从事手工业的劳动者，这些手工业劳动者就是拥有某项技能或者手艺的手艺人。《考工记》是春秋战国时期记述官营手工业各工种规范和制造工艺的文献，其中关于“工匠”的记载有很多，明确对“工匠”的职责内容进行界定。“工匠”不仅要充分了解自然物料的形状和性能，同时要有精湛的手艺，加工出来的器具和设备要能够为人所用，满足使用者的需求。

古代的工匠，有的是官方的官用工匠，有的是民间的手工艺人，遍布在建筑园林、天文历法、绘画、音乐、服饰、陶艺、漆艺、瓷艺、铸币等行业里，有“木工之祖”鲁班、“织布业祖师”黄道婆、铸剑鼻祖欧冶子、天文学家郭守敬、微雕大师王叔远等杰出代表人物。

穿越古今

黄道婆被称为“黄婆”或“黄母”，出生在战乱的南宋末年。早年间，为了逃离苦难的生活，黄道婆逃至现在的海南岛生活，向当地淳朴热情的黎族同胞学到了先进的纺织技术。中年回到故乡后，她致力于改革家乡落后的棉纺织生产工具。她不仅把自己在海南学得的先进生产经验毫无保留地教给故乡人民，还结合当地实际情况，系统地改进了从轧籽、弹花到纺纱、织布的全部生产工序，创造了一套新型的纺织工具，使当地的棉纺技术有了相当大的改进。经过她反复试验研制出的三維式（三个纺锭）脚踏纺车，被视为当时世界上最先进的纺织工具。

在黄道婆的大力推广下，纺织技术和工艺有了很大提高。当时的“乌泥泾被”不胫而走，远销各地，获得了很高的声誉。当时称“淞江布匹衣被天下”，这伟大的成就当然凝聚了黄道婆的大量心血。正是因为有了黄道婆把海南先进的纺织技术带到江南，推动了江南地区棉纺织技术的进步和发展，才使棉纺织品走入寻常百姓家。

黄道婆的故事一直流传至今，她已经成为一种形象符号，代表着中国人民勤于钻研、善于创新的工匠精神。

“工匠精神”源于“工匠”，是工匠在实践中经过时间沉淀而表现出来的一种精神品质。掌握好的技术，练就好的手艺，是工匠谋生的第一条件，同时也是工匠精神的必备要求。《诗经》中：“如切如磋，如琢如磨”，“切”“磋”“琢”“磨”就是当时工匠对骨器、象牙、玉石进行切料、糙锉、细刻、磨光的生动化描述，集中表现了工匠们的精心制作、严谨认真、一丝不苟的精神。这种精神不仅是我国古代工匠艺人的价值追求，更是工匠精神的具体体现。

古代的工匠精神受到儒家“德为先，重教化”的思想影响，坚持以德为先，潜移默化中成为工匠的职业准则和价值导向。随着社会生产力的进步和发展，社会分工越来越细，一些职业不仅要求人们要具备一定的知识和技能，而且要具备一定的道德观念和品质，这在后来的发展中逐渐形成了职业道德规范。其中，主要囊括了敬业、精益、钻研、专注、创新等内容。敬业是指工匠本身对自己所从事岗位的热爱，对工作能够做到认真负责；精益更加强调工匠的专业的态度和技能，追求极致与完美；钻研是对手艺的坚持与恒心，不怕苦不怕累，能够持之以恒；专注是指做事情的投入度与关注度，集中全身心的注意力在一件事情当中；创新则是对事物的突破与发展。这些不仅仅是当时教育中所推崇的精神，也是今天我们所认可的工匠精神内涵。

（二）工业发展中的工匠精神

中华人民共和国成立初期，基础弱、底子薄、工业落后。毛泽东主席曾感慨："现在我们能造什么？能造桌子椅子，能造茶碗茶壶，能种粮食，还能磨成面粉，还能造纸，但是，一辆汽车、一架飞机、一辆坦克、一辆拖拉机都不能造。"[1]这一阶段的窘状，需要广大工人阶级发挥工匠精神，通过诚实的劳动、创新的思维、精湛的技艺，发展工业，建设社会主义工业体系。20世纪60年代，由于我国工业发展陷入了几乎被隔绝的恶劣态势。在这种艰难境地中，党领导工人阶级奋发图强、鼓足干劲、团结一致，克服设备、技术、环境等种种困难和局限，完成了"两弹一星"工程、长江大桥工程、成昆铁路、大庆至秦皇岛输油管道、川藏公路等大型项目建设。在这一时期，涌现出了倪志福、郝建秀、李瑞环、王进喜、王崇伦等一批优秀工匠，在困境中进一步丰富了工匠精神的内涵。

穿越古今

1963年，倪志福毕业于北京永定机械厂工业学校大专班。在工作中的倪志福敢想、敢干，在实践中不断探索和钻研，创造的一种优质、高速、长寿的新型钻头，比一般普通尖顶钻头效率高2~5倍，已在全国许多地方推广。

1 中共中央文献研究室．毛泽东文集第6卷[M]. 北京：人民出版社，1999.

经过改革开放以后的实践和发展，中国的工业化水平突飞猛进，工业化建设成绩世界瞩目，涌现出了大批现代化工匠，比如“金牌工人”许振超、“中国第一、全球第二的充电电池制造商”王传福、“发动机焊接第一人”高凤林等，他们将刻苦钻研、精益求精、严谨细致的理念融入技术、产品、质量、服务的每一个环节，创造了无数的中国制造奇迹。

穿越古今

青藏铁路（图6–2）全线的修建，历时50年。它的修建成功克服了千里冻土、高寒缺氧、生态脆弱三大世界级难题，是人类铁路建设史上前所未有的传奇工程。

图6–2
2006年7月，青藏铁路正式开通

修建者们在这里首先要克服严重的高原反应。青藏线大部分线路处于高海拔地区和“生命禁区”，年平均气温在0℃以下，大部分地区空气含氧量只有内地的50%~60%。高寒缺氧，风沙肆虐，紫外线强，自然疫源多。在恶劣的条件下，他们严把质量关，每一个道钉、每一根枕木、每一段钢轨都坚持一丝不苟，以顽强的意志对抗严寒、拼搏战斗。

唐古拉山越岭地段荒无人烟，建设者艰苦奋战，修建施工道路、工程物资运输便道；冻土问题难以解决，建设者就刻苦钻研、创新思维，采取了片石气冷措施、热棒措施、“以桥代路”方案等，最终得以攻克。在强大精神的支撑下，建造出了一条世界上海拔最高、线路最长、技术难度最大的一流铁路，在人类铁路建设史上筑起了一座伟大的丰碑。

新时代以来，习近平多次强调要弘扬工匠精神。2016年，“工匠精神”首次被写入国务院政府工作报告中。党的十九大报告提出“建设知识型、技能型、创新型劳动者大军，弘扬劳模精神和工匠精神，营造劳动光荣的社会风尚和精益求精的敬业风气”。我国技能选手在第45届世界技能大赛上取得佳绩时，习近平作出重要指示，要在全社会弘扬精益求精的工匠精神，激励广大青年走技能成才、技能报国之路。新时代呼唤工匠精神，只有培育和弘扬严谨认真、精益求精、追求完美的工匠精神，培养更多的工匠人才，才能打造更多享誉世界的中国品牌，顺应中国经济发展的新要求，推动中国经济蓬勃发展。

思想碰撞

通过对传统文化和工业发展中的工匠精神进行了解和探索，你认为新时代的工匠精神应该具备哪些要素?

二、工匠精神的科学内涵

从高铁研磨师宁允展、“两丝”钳工顾秋亮、导弹点火“把关人”洪海涛、钞票凹版雕刻师马荣到高级铸造技师毛正石，他们身上凝聚的热爱、专注、极致、坚守、神功、担当的工匠精神，激励着一代又一代青年发愤图强。2020年11月24日，习近平在全国劳动模范和先进工作者表彰大会上的讲话中将工匠精神高度概括为“执着专注、精益求精、一丝不苟、追求卓越”16个字。正确理解其科学内涵对于我们在新时代大力弘扬工匠精神、推动社会经济高质量发展、实现“两个一百年”奋斗目标具有重要意义。

（一）执着专注

执着专注，是指对某一事物和技能在时间和精神上的专心致志、坚持不懈，饱含了劳动者对职业敬畏、对工作执着、对产品负责的态度。执着专注是工匠精神的前提，集中展现工匠的一种精神状态。我们常说：“干一行、爱一行，才能成就一番事业。”这个道理被大家熟知，但要真正将其入脑、入心，并应用于实际行动中，却并非是一件人人都能做到的事情。工匠们之所以技艺精湛，能在自己的领域取得巨大成就，其中一个重要的原因就是他们对自己的工作能做到日日坚持、月月坚持、年年坚持。这种坚持不是被动的，而是自觉自愿的，他们对自己事业不是三分钟热度，而是长久的情感投入。

图6-3 2018年年底，全长55公里的港珠澳大桥建成通车

周家荣是贵州钢绳（集团）有限公司二分厂技术员、高级技师。当他还是一个农民娃娃时就进厂当了工人，30多年里就干了一件事，就是在生产钢丝绳上做文章。周家荣和工友生产了一百多件用于特殊产品、重点产品、重要用途的钢丝绳，在国内用在了世界最高的桥梁——北盘江特大桥，最长的跨海大桥——港珠澳大桥（图6-3），全世界最大的射电望远镜——中国天眼。他们的产品还远销40多个国家和地区，让国内钢丝绳行业参与国际竞争，真正有了话语权。

在周家荣的记忆中，最难忘的事就是他的一位老班长曾经给他讲过的一段话："什么叫作不简单，什么叫作不容易？就是要长时期甚至用几十年的时间认认真真、持之以恒地做好一件事情，这就是不简单，就是不容易。"周家荣和同事们三十年如一日坚持在钢丝绳这个领域不断研究，不断尝试改变工艺参数，创新生产出了许多优质的钢丝绳产品，为国家推出更多的超级工程、大国重器作出了自己应有的贡献。

工作岗位是每个人将来步入职场的生存之本，只有心无旁骛、全情投入学习与钻研，才能真正实现懂一行会一行精一行；只有谦虚谨慎、不怕困难，才能在自己的岗位上、业务技能上不断取得突破和创新。

（二）精益求精

精益求精是指在既有成绩和基础上仍然坚持严格要求，通过耐心、专注、坚持，不断提升产品和服务质量，是对技艺、产品、质量极致完美的一种追求。顾名思义，一件产品已经很不错了，仍然不满足，还要更好。在工匠的眼里，精益求精就是没有最好，只有更好，对于工作的高要求，对产品品质的追求，只有进行时，没有完成时，时刻保持不断进取。

提起导弹，大家都会把它与“高精尖”联系在一起。但正是因为导弹技术太高新、太尖端，很多零部件无法通过自动化机床生产，必须手工打造。一枚导弹拥有数万零件，安装零件最小的螺孔直径不到0.2 mm。直径0.2 mm，这是两根头发丝的粗细，而巩鹏却能在上面用电钻精准打下一个孔。别看它小，稍有一丝偏差，就会影响导弹打击的精确度。这样的绝活，对巩鹏来讲小菜一碟，并且一直保持“零失误”。

巩鹏是中国航天科工三院33所钳工，特级技师，中国航天科工集团公司首席技师，精密加工领域钳工专业的技术领军人物，国家级技能大师工作室“巩鹏国家级技能大师工作室”的带头人。无论是简单、单一、轻微、安全的工作，还是艰难、复杂、重要、危险的工作，巩鹏总是以全情投入、全心付出，竭尽全力地处理好工作中遇到的各种问题、难题。

精湛技艺背后是艰辛的付出。为了提高技艺，巩鹏付出了比身边人更多的努力，他每天两三个小时练锉，寒来暑往，一根直径为50厘米的45号钢棒，在巩鹏手里反复地锉，到最后锉成一根小细条。在巩鹏看来，优秀的技能工人能赋予产品精准的形状，而工匠则需要给作品注入生命和灵魂。工人以加工出精确的尺寸为目的，而工匠则需要考虑到零件的作用，相互的装配关系，最合理的公差位置，让产品舒适地装配，流畅地运转，轻松地工作，这样的加工和装配就像给产品注入灵魂，它会更精确、更强悍。

把产品当作艺术品来雕琢，把工作当作生活来享受，在工作岗位上已经坚守30余年的巩鹏，从来没有停止进步的脚步。正是这份追求，引领着巩鹏数十年如一日地痴迷于他的钳工工作。学徒时期的刻苦积累，成就了现代版“铁杵磨成针”的故事。工作中迎难而上的钻研，造就了他“疑难杂症克星”的美誉。

（三）一丝不苟

一丝不苟是指做事严格认真、坚韧不拔，最常见的地方不放过，最细微的地方不马虎，强调对自我的要求，对细节的坚守，这是工作作风层面的要求。

在日常工作生活中，细节容易为人们所忽略，但是细节决定成败，它在全局中有很重要的作用。一般情况下，把握好细节是做好全局工作的前提。如果轻视细节，以可有可无、马马虎虎甚至漠不关心的态度看待细节，那么全局工作必定无法圆满完成。在制造业中，注重细节的品质尤其重要，因为产品的加工制造日趋精细化、系统化，中间有大量的工序，存在着很多关键的细节。能否妥善地处理好这些细节不仅展现着工人的技术水平，还关系着整个产品的质量，在某些情况下，甚至关系到整个操作的安全。1980年，技校毕业的胡双钱进入上海飞机制造公司，被分配到了钳工工段。这对原本学习扳铆工的胡双钱来说，是一个不小的挑战——专业不对口意味着他要付更多的时间和努力，才能熟练掌握这一技艺。然而，他没有抱怨，而是怀着只要能实现造飞机的梦想，坚决服从分配，在钳工岗位上一做就是三十多年，经他手生产的零件被安装在上千架飞机上，实现了“零差错”的纪录。

图6-4 精准测量产品直径

划线是钳工作业最基础的步骤，为了提升精细度（图6-4），胡双钱发明了“对比检查法”和“反向验证法”，虽然增加了工作量，但却给零件加工增加了复查的机会，为加工的准确和质量达标打下基础。有一次，他在给飞机拧螺丝时走了神，晚上回想当天的工作时总觉得心里不踏实，于是他在凌晨三点又骑自行车返回单位，反复确认，才放下心来。从那以后，胡双钱给自己定了个规矩，每做完一步，都要认真看几秒再进入下一道程序：“再忙也不缺这几秒，质量最重要！”

“每个零件都关系着乘客的生命安全。确保质量，是我最大的职责。”核准、划线、钻导孔、打光……凭借着高度的责任意识，胡双钱在无数个日日夜夜重复着这样的机械动作，近乎苛责地要求自己，只为不出一丝差错。坚持一丝不苟已经深入胡双钱的骨髓，没有敷衍、没有应付，有的是把每天都需要做的事情做到最好。

（四）追求卓越

中国制造逐渐走向中国创造，中国速度过渡成了中国质量，中国产品转变成了中国品牌，所有的变化都源自不断追求卓越。追求卓越既是对工匠自身终身学习提出的目标，也是对工匠所生产的产品推陈出新的要求，既包含了自身对技术的超越，也包含了未来的传承创新。只有不断进取，不拘泥于已有的成绩，在继承的基础上不断创新，才能跟上时代的步伐，推动产品升级换代，推动国家持续进步、社会持续发展。

1987年，19岁的李万君从职高毕业，成为焊接车间水箱工段的一名焊工。刚刚步入工作岗位时，条件比较艰苦，夏天焊枪喷射2 300摄氏度的烈焰，冬天在水池里作业，身上挂一层冰。短短一年时间，和他一起入厂的28人，有25人跳槽，李万君选择留下来。一干就是10年，直到从水箱工段变为转向架焊接车间的工作。

转向架制造技术，是高速动车组的九大核心技术之一。2007年，长客股份公司先后引进法国时速250公里的高速动车组技术等国外技术成果，但是一些核心技术还是受制于人。如何形成完全具有自主知识产权的高铁技术，彻底打破国外的技术垄断，是摆在公司眼前的一个重要难题。关键时刻，李万君凭着一股子钻劲，终于摸索出了“环口焊接七步操作法”，成型好、质量高，成功突破了批量生产的关键。这项令国外专家十分惊讶的“绝活”，现已经被纳入生产工艺当中。工作多年来，他先后参与了我国几十种城铁车、动车组转向架的首件试制焊接工作，圆满完成了各项工作任务。

李万君在本职工作岗位上取得的一个个成绩，并非偶然。在31年的长期工作中，他动脑筋钻研，花时间有针对性地坚持练习，摸索焊接中的规律和方法，在勤奋和努力中练就了过硬的焊接本领。他同时拥有碳钢、不锈钢焊接等6项国际焊工（技师）资格证书，掌握了氩弧焊、TIG焊等多种焊接方法，平、立、横、仰和管子等各种焊接形状和位置，他样样精通。遇到问题和困境时，李万君总是想尽一切办法不断革新和突破，在他的努力下，攻克高铁领域的技术难关150多项，获得国家专利27项，用智慧加技能，把手中的产品不断升华，最后达到极致，成为工业上的艺术品，让产品走向世界，为国争光。为了适应中国高铁提速的需要，李万君主动向学徒传授技能、教给他们自己掌握的绝活，培养出了大批的专业技术人才。如今，李万君在车间和讲堂之间自如切换，也实现了从焊工到教授的人生蜕变。

思想碰撞

经国务院批准，人力资源和社会保障部从2020年起举办全国职业技能大赛。首届大赛以“新时代 新技能 新梦想”为主题，设86个比赛项目，共有2 500多名选手、2 300多名裁判人员参赛，是新中国成立以来规格最高、项目最多、规模最大、水平最高的综合性国家职业技能赛事。右图是习近平在2020年首届全国职业技能大赛的贺信（图6-5），你读完之后有什么样的体会？你参加过其他职业技能大赛吗？你认为（希望）参加职业技能大赛对你有什么样的帮助？

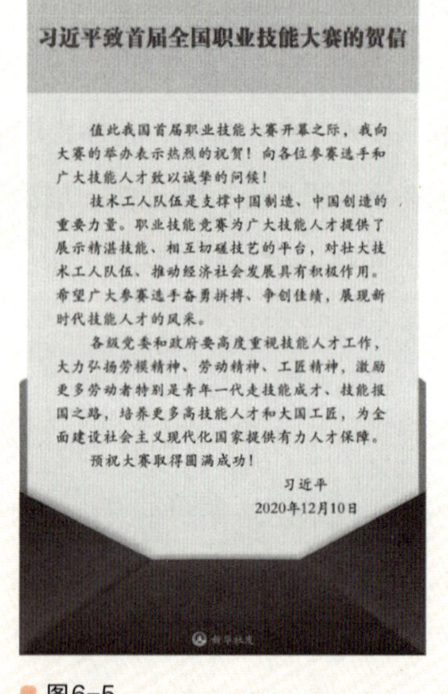

习近平致首届全国职业技能大赛的贺信

值此我国首届职业技能大赛开幕之际，我向大赛的举办表示热烈的祝贺！向各位参赛选手和广大技能人才致以诚挚的问候！

技术工人队伍是支撑中国制造、中国创造的重要力量。职业技能竞赛为广大技能人才提供了展示精湛技能、相互切磋技艺的平台，对壮大技术工人队伍、推动经济社会发展具有积极作用。希望广大参赛选手奋勇拼搏、争创佳绩，展现新时代技能人才的风采。

各级党委和政府要高度重视技能人才工作，大力弘扬劳模精神、劳动精神、工匠精神，激励更多劳动者特别是青年一代走技能成才、技能报国之路，培养更多高技能人才和大国工匠，为全面建设社会主义现代化国家提供有力人才保障。

预祝大赛取得圆满成功！

习近平

2020年12月10日

图6-5
习近平致首届全国职业技能大赛的贺信

〔行〕×之有×〔效〕

行 新时期产业工人代表陈行行：技能报效祖国是年轻人无比光荣的事情

陈行行出生于1989年，毕业于山东技师学院。目前在中国工程物理研究院机械制造工艺研究所工作，是一名加工中心的操作工。2015年，被授予“全国五一劳动奖章”，入选2018年“大国工匠年度人物”。

陈行行是一个从农村走出来的孩子。上小学时，陈行行就非常喜欢动手的工作，成为一名产业工人，当技术工人是陈行行一直以来的梦想。在山东技师学院上学时，他特别喜欢和机械加工相关的新技术，利用3年在校时间，通过自己的努力先后考取了8个工种的12个职业资格证书。

刚参加工作时，陈行行也听到过一些声音，如“车间当工人没有前途”“进厂那一刻就看到了退休的状态”“五年才能有晋升一级的机会”……但陈行行表示，到了工作单位以后，自己勤学苦练，用心钻研，技术进步特别快。2010年陈行行在第四届全国数控技能大赛山东选拔赛中脱颖而出，成为加工中心（四轴）赛项职工组第一名，并在全国决赛中获得第四名，破格晋升为高级技师。也正是在这次比赛后，陈行行进入中国工程物理研究院机械制造工艺研究所工作，成为机械制造工艺研究所加工中心的一名操作工，从事软件编程和数控操作。

作为中国制造业的一名高级技术工人，陈行行一次次向技艺极限冲击。比如，用在某尖端武器装备上的薄薄壳体，通过陈行行的手，产品合格率从以前难以逾越的50%提升到100%；用比头发丝还细的0.02 mm刀头，在直径不到2 cm的圆盘上打出36个小孔，难度超过用绣花针给老鼠种睫毛。对工艺的执着追求，让年轻的陈行行做到很多别人做不到的事。

精通多轴联动加工技术、高速高精度加工技术和参数化自动编程技术，尤其擅长薄壁类、弱刚性类零件的加工工艺与技术，凭借全面的技能、扎实的编程功底和精湛的操作技术，他用3年时间完成了一般人需要用16年时间才能完成的目标，成为单位在新设备运用、新功能发掘、新加工方式创新等方面的领军人才。

陈行行并没有止步于此，满足于现状，他坚持在岗位上发光发热，积极为单位做出更多贡献。已经成为高级技师的陈行行还带领着两个高技能人才团队进行技术创新，团队中的大部分人员都毕业于职业技术类学校，他们共同的理想就是做新时代复合型高技能人才，为国家的发展贡献自己的力量。

（资料来源：国际在线，有改动）

效 陈行行身上这种敢想敢干、苦干实干、能干巧干的优秀品质，以及干一行、爱一行、精一行的敬业精神永远都不会过时。陈行行想通过自身经历告诉年轻人：“现在国家的高技能人才，尤其是顶尖的高技能人才是非常短缺和珍贵的。技能人才，一样可以拿到很好的收入，一样可以有很好的职业发展前景，一样可以实现自己的人生理想与价值。”

随着市场竞争日趋激烈，社会对于“人才”的认识正在发生着微妙的变化，从注重文凭转向注重实操，拥有技术的“蓝领”阶层受到了市场的热烈欢迎。在实际制造业发展中，高技能人才是适用和急需的人才。这种高技能人才是集中于生产、运输和服务等领域岗位一线，熟练掌握专门知识和技术，具备精湛操作技能，并在工作实践中能够解决关键技术和工艺操作性难题的人员。他们是我国人才队伍的重要组成部分，是技术工人队伍的核心骨干。对于一个企业和国家而言，高技能人才是推动技术创新和科技成果转化为现实生产力的核心骨干。像陈行行这样技术精湛、手艺高超的技能人才，未来将是我国制造业发展中的核心人才。

思之有得

思 中国正从制造大国向制造强国转型（图6–6），除了需要科技上的硬实力，还需要精神层次的软实力，这就是工匠精神。你认为工匠精神的形成与自身职业素养的形成有什么关系？当代的高素质技能人才应该具备哪些工匠素养？

图6–6 中国高铁技术飞速进步

得 工匠精神源于工匠而高于工匠，工匠精神作为中华民族伟大精神的生动体现，它充满着中国智慧，彰显着中国力量，并以独特的方式为中国力量凝神铸魂。工匠精神不仅仅是高技能人才群体特有的品质，更是广大劳动者在不同岗位长期积淀形成的心无旁骛钻研技能的专业素质，持之以恒、力求完美的职业精神。相比侧重弘扬模范榜样的劳模精神与崇尚鼓励劳动的劳动精神，工匠精神是产生于更为特定的人群、特定场景下的一种精神品质。新时代的工匠精神有着更为丰富和多层次内涵和要求，我们要根据自己的职业技能、职业素养、职业理念等不同层次的需求，进而建立自己的职业操守。大力弘扬工匠精神，就是要让大家以昂扬奋斗的实干、精益求精的匠心、执着专注的坚守、持之以恒的传统，在平凡的岗位上创造精品和佳绩。只有将谋生和实现自我价值融为一体，耐得住寂寞，不计较一时的得失，将追求技能的完善、产品的品质提升作为职业发展目标，才能成就越来越多的中国工匠，打造出更多享誉世界的中国品牌，推动中国制造业升级换代，经济发展进入质量时代。

第六单元
交互式测验

模块三

03 劳动技能 养成

职业技能是进入职场的"敲门砖"，也是职业发展的"金刚钻"。本模块通过讲述兴趣对职业发展的重要性，引导学生从认识劳动、了解劳动中发现职业兴趣，树立正确的择业观，明确适合自己的职业方向；通过讲解简历撰写技巧、面试技巧、办公软件使用等求职技能，帮助学生快速掌握提升求职成功率的有效方法，在竞争激烈的就业市场中积累实力，为成功走上心仪的工作岗位奠定基础。

第七单元

找准兴趣，助力职业选择

学习目标

素养目标

树立正确的择业观，能够客观、积极地认识每个职业。

具备较强的判断和决策能力，能够在劳动过程中迅速发现、判断自己的兴趣。

具备较强的学习和适应能力，能够通过劳动逐渐培养自己的职业兴趣（图 7–1）。

知识目标

了解职业、职业兴趣的概念。

理解职业兴趣的主要分类。

了解影响职业兴趣的因素。

了解职业院校学生普遍的职业选择方向。

图7–1 兴趣助力职业选择

〔言〕×之有×〔理〕

言 **在合理的制度下，当每个人都能根据自己的兴趣工作的时候，劳动就能恢复它的本来面目成为一种享受。**

——恩格斯

理 一切劳动者，只要肯学、肯干、肯钻研，练就一身真本领，掌握一手好技术，就能立足岗位成长成才，就能在劳动中发现广阔的天地，在劳动中体现价值、展现风采、感受快乐。让劳动本身成为享受是劳动幸福权，这是马克思主义劳动观的重要内容。

劳动幸福包含两层含义：一是劳动是幸福的源泉，只有通过辛勤劳动、诚实劳动、创造性劳动而获得的幸福才是真正的幸福；二是让劳动本身成为享受的事情，让劳动本身成为一种快乐。虽然现代社会的高度分工化使人越来越难以从事自己喜欢的工作，在择业方面不能自主选择，但我们对劳动的喜欢和兴趣不是盲目和抽象的，也是要结合自己的兴趣爱好，尤其是能力和技能，在社会上寻找适合自己的劳动形式和工作岗位。在这种条件下，劳动者的个性和聪明才智不再受到压抑，可以充分发挥和表现。

劳动本身是一种自主性活动，它要求劳动者能够自主地选择支配和展开自己的劳动过程，自主劳动、自由劳动才能激发劳动者的热情，培养克服困难的意志，激发创造性才能。在这个劳动过程中，劳动者运用自己的创造性劳动克服种种困难，得到预期的物质或者精神成果时，就会产生极大的愉悦感和成就感。因此，创造性劳动本身就是充满幸福感和让人愉悦的，当通过劳动获得相应的回报和肯定时，所产生的愉悦感和成就感也正是劳动价值的一种体现。这种过程与结果的统一才能真正让劳动者获得享受，从而保持劳动的可持续性，使劳动成为持久性的愉悦。

〔求〕之有〔道〕

求　**什么是职业兴趣？如何进行合理的职业选择？**

道　一、劳动中发现职业兴趣

（一）在劳动中发现兴趣

兴趣是指建立在需要基础上，带有积极情绪色彩的认知和活动倾向，是个人对其环境中的人、事、物所产生的喜爱程度，是个人力求认识、掌握某事物，并经常参与该种活动的心理倾向。当个人对某事物有兴趣时，会对它产生特别的注意力，对该事物感知敏锐、记忆牢固、思维活跃、情感浓厚、意志坚强。兴趣是人们活动的重要动力之一，是活动成功的重要条件。

兴趣的大小是和个人的认识与情感密切联系着的，而劳动则是对事物不断熟悉、认知的过程。如果一个人对某项事物没有认识，也就不会产生情感，因而也就不会对它发生兴趣。同样，如果一个人缺乏某种职业知识，或者根本不了解这种职业，那么他就不可能对这种职业感兴趣。相反，认识越深刻，情感越丰富，兴趣也就越深厚。通过劳动实践，我们可以发现自己与他人的关系建立能力、沟通能力、执行能力、快速学习能力、数据分析能力、信息收集能力等，进而找到自己的优势所在，然后获取成就感。而成就感的产生将极大地激发我们对该项工作的兴趣。

在职场中，兴趣、能力都会随着个人的成长不断地发生变化，所以在劳动实践中要不断地梳理自己的兴趣和能力，不断地劳动以适应职业市场新变化。

（二）兴趣影响职业选择

人们在劳动过程中，工作效率总是不一样的。如果你对所做的工作感兴趣，工作中就会有较高的热情，工作效率就会较高。因此，兴趣是影响劳动者工作效率的重要因素。

对某项工作的兴趣伴随着劳动的过程而产生，一般经历有趣、乐趣、志趣三阶段。在自主选择工作时，往往会选择自己觉得有趣的，然后逐渐产生工作乐趣，进而与奋斗目标和工作志向相结合，最终发展成为职业兴趣。职业兴趣表现出方向性和意志性的特点，使人坚定地追求某种职业，并为之尽心尽力。

职业兴趣是个人兴趣在职业方面的表现，是指人们对某种职业活动具有比较稳定而持久的心理倾向。它是一个人探究某种职业或从事某种职业活动所表现出来的特殊个性倾向。它使个人对某种职业给予优先的注意，并具有向往的情感。每个人都会有自己的职业兴趣、倾向，将个人对不同职业的兴趣程度进行比较，我们就可以匹配最适合自己的职业。由于兴趣、爱好不同，人的职业兴趣也有很大的差异。有人喜欢具体的工作，如室内装饰、园林、美容、机械维修等；有人喜欢抽象和创造性的工作，如经济分析、新产品开发、社会调查和科学研究等。职业兴趣对职业选择和职业发展都有一定的影响。

图7-2 职业兴趣——专注的魅力

（三）职业兴趣类型

职业兴趣（图7-2）是一个人对待工作的态度、对工作的适应能力，表现为有从事相关工作的愿望和兴趣。拥有职业兴趣将增加个人的工作满意度、职业稳定性和职业成就感。根据颇具权威的霍兰德职业兴趣分类方法，职业兴趣可分为六种类型：常规型、艺术型、操作型、社会型、研究型、管理型。

1. 常规型

尊重权威和规章制度，喜欢有秩序的、安稳的生活。惯于按照计划和指导做事，按部就班，细心、有条理。不习惯自己对事情做判断和决策，较少发挥想象力。没有强烈的野心，不喜欢冒险。

2. 艺术型

热爱艺术，富于想象力，拥有很强的艺术创造力。乐于创造新颖、与众不同的成果，渴望表现个性，展现自己。做事理想化，追求完美。善于用艺术形式来表现自己和表现社会。进行艺术创作或创新时，不喜欢受约束和限制。

3. 操作型

喜欢使用工具或机械从事操作等动手性质的工作。动手能力强，通常喜欢亲自体验或实践理论和方法甚于与其他人讨论，一般不具有出众的交际能力，喜欢从事户外工作。

4. 社会型

乐于助人和与人打交道，乐于处理人际关系。喜欢从事对他人进行传授、培训、帮助等方面的服务工作。愿意发挥自己的感染力和说服力引导别人。通常有社会责任心，热情、善于合作、善良、耐心，重视社会义务和社会道德。

5. 研究型

喜欢理论研究，潜心于专业领域的创新和应用；喜欢探索未知领域，擅长使用逻辑分析和推理解决难题。不喜欢官僚式的管理行为过多地影响研究工作。

6. 管理型

对其所能支配的各种资源能够进行有效的计划、组织、领导和控制。喜欢影响别人、敢于挑战，自信、有胆略、有抱负，沟通能力出色，擅长说服他人，追求声望、经济成就和社会地位。

思想碰撞

测测你的职业兴趣

网上检索霍兰德职业兴趣倾向测试。霍兰德职业兴趣测评SDS量表，在全球运用广泛。

二、职业方向选择

（一）树立正确的择业观

劳动没有高低贵贱之分，任何一份职业都很光荣。2015年4月28日，习近平在庆祝“五一”国际劳动节暨表彰全国劳动模范和先进工作者大会上强调，全社会都要贯彻尊重劳动、尊重知识、尊重人才、尊重创造的重大方针，全社会都要以辛勤劳动为荣、以好逸恶劳为耻，任何时候任何人都不能看不起普通劳动者，都不能贪图不劳而获的生活。

职业选择是学生扮演某一职业角色前首先遇到的问题，学生通过职业选择来确定未来职业活动的方向。职业院校的学生在找工作的时候想清楚自己想要的工作是什么，而不是别人认为什么是好工作就盲目跟风；努力找到自己的兴趣、专业和工作的结合点；当理想与现实之间存在冲突时，建议冷静分析原因，做好准备，为下一次选择打下良好的基础。

无论升学还是直接就业，一定要认清自己，明白自己的能力范畴，面对高薪资的工作，不要盲目地投放简历，先要思考这份工作自己是否可以胜任，当然认清自己的同时，在平时的工作中要充分发挥自己的实力。虽然学历有一定的重要性，但是将你留在某一职位上的决定性因素一定是你的工作能力。不要从众，要认清现实，工作从基层做起没什么不好，在社会中多多磨炼自己也是一件好事。

学生在寻找工作时要知道任何工作都是平等的，每一份工作都有其价值所在。你的人生价值也一样，不管从事什么工作，只要踏实做都会实现人生价值，每一份工作都值得尊敬。

面对日益严峻的就业形势和日趋激烈的就业竞争，要正确地认识自我，有效地把握自我，对人生态度、兴趣和成功的理想有充分的认识。兴趣可以弥补能力和知识的欠缺。因而，通过劳动发现自己的职业兴趣（图7–3），把兴趣和职业方向联系起来至关重要，千万不可因利益而抹杀自己的兴趣。对成功的理解是确定职业的重要砝码。“高薪水、高品位、高自由度、高个性化的工作”，这是传统的中庸的成功思想。自我对社会的贡献和社会对自我的满足和承认，才是成功的本质。

图7–3 发现自己的职业兴趣

（二）选择合适的职业方向

职业院校的学生毕业有很多职业选择。你可以选择去就业，多年后或许成了公司的高级技能人才。也可以选择升学，中职学生可参加普通高考、参加单招或者报名成人高考升入大学，高职学生可以报考本科。或者还可以试着去创业，闯出自己的一片天地。

1. 就业

在结束学校的学业后，绝大多数职业院校的学生会到生产管理服务一线从事技术或服务工作，这是职业院校毕业生的主要职业选择。职业院校毕业生就业时，工作岗位一般与其在学校学习的专业吻合度较高，学生能够将自己在学校学习的一技之长运用到工作实践中去，通过自身努力成为一名专业技术人员。

2. 升学

在增加自己就业竞争力这点上，升学是很有用的，而且是性价比最高的。升学的方式主要有参加高考、专升本、自考、成考等。

专升本是大专生唯一的能拿到全日制毕业证并且还能进入本科学校读书的方式。通过专升本你可以在本科学校再学习两年，享受本科的学习氛围和资源。

高等教育自学考试（自考）是成人教育的一种，现在看来是大家公认的除全日制学历外含金量最高的。优点是没有入学考试，只需要修够学分就能毕业。缺点是不能进本科校园就读。

成人高考也属于成人教育的一种，含金量比自考稍低。有入学考试，一般入学考试不难，学历认可度与自考差不多。

继续在学业上深造，可以提高自身的学历层次，增强下一步就业的竞争能力，拓展职业发展空间。但是，也应该清楚地意识到，继续深造是需要付出更多代价的，需要有勤奋耐劳、刻苦钻研、不畏艰险的精神和毅力，需要有良好的身体和心理素质，而且毕业时同样要面对就业压力。所以，如果选择继续深造，面对日益严峻的升学和就业压力，一定要从实际出发，综合自己的优势，充分评估自己的实力。千万不要盲目加入升学一族，错过现有的就业机会。

3. 考公务员

图7-4
公务员考试

考公务员一直是高校毕业生的一个热门选择（图7-4），很多高职毕业生也将其作为一种不错的选择。如果有志于从事公共服务事业，有自己的政治抱负，你可以选择考公务员或选调生。（选调生是国家专门在毕业生里择优挑选储备干部的途径之一。）

4. 自主创业

在就业路中，自主创业正在悄然兴起，成为一条新的就业之路。毕业生自主创业不仅解决了自身的就业问题，而且能为他人创造更多的就业机会。这已经成为国家和地方各部门重视和鼓励的一种重要就业路径。国家和各相关部门不仅出台了相应的配套政策，而且频繁举行全国性或地区性大学生创业大赛，建立大学生创业实习基地，设立大学生创业基金，为大学生自主创业打开了方便之门。

拓展延伸

自1999年中国高校扩招以来，高校毕业生数量逐年攀升。据教育部公布的数据，2002年高校毕业生达145万人，2016年毕业生人数增长到765万人，2017年达795万人，2018达820万人，2019达834万人，2020年达874万人。毕业生数量持续激增必然导致待业大学生人数不断增加。据统计，本科毕业生待业人数2004年为69万人，2020年预计达到200多万人。[1]

三、影响职业兴趣的因素

职业兴趣是以一定的素质为前提，在职业生涯实践过程中逐渐发生和发展起来的。它的形成与个人的性格、能力、实践活动及所处客观环境和历史条件有着密切的关系，因此，职业规划对兴趣的探讨不能孤立地进行，应当结合个人的、家庭的、社会的因素来考虑。了解这些因素，有利于深入认识自己，进行职业规划。

1. 个人需要和兴趣

无论一个人的兴趣是什么，都是以需要为前提和基础的，人们需要什么也就会对什么产生兴趣。由于人们的需要包括生理需要和社会需要或物质需要和精神需要，因此人的兴趣也同样表现在这两个方面。人的生理需要或物质需要一般来说是暂时的，容易满足。例如，人对某一种食物、衣服感兴趣，吃饱了、穿上了也就满足了。而人的社会需要或精神需要却是持久的、稳定的、不

1 孟祥敏.大学生职业生涯规划影响因素研究——基于长三角9所高校的调研数据[J].中国青年社会科学，2020（4）.

断增长的。例如，人际交往、对文学和艺术的兴趣、对社会生活的参与都是长期的、终生的，并且是需要不断追求的。因此，兴趣是在需要的基础上产生的，也是在需要的基础上发展的。

兴趣和需求品位的高低会受一个人的个性特征的影响。例如，一个人品位高雅，会对公益活动感兴趣，乐于助人，对高雅的音乐、美术有兴趣；反之，一个人品位低级，会对占小便宜感兴趣，对庸俗的文艺作品有兴趣。

2. 个人认识和情感

兴趣与个人的认识和情感密切联系着。如果一个人对某项事物没有认识，也就不会产生情感，因而也就不会对它发生兴趣。同样，如果一个人缺乏某种职业知识，或者根本不了解这种职业，那么他就不可能对这种职业感兴趣，在职业规划时就不会考虑该职业。相反，认识越深刻，情感越丰富，兴趣也就越深厚。

例如，有的人对集邮很入迷，认为邮票既有收藏价值，又有观赏价值，集邮既能丰富知识，又能陶冶情操，于是发展成为一种爱好，并有可能成为他的职业。

3. 家庭环境

家庭作为最基本的社会单元，对每个人的心理发展都会产生重要的影响，因此，家庭环境的熏陶对其职业兴趣的形成具有十分明显的导向作用。大多数人从幼年起就在家庭的环境中感受其父母的职业活动，随着年龄的增长，逐步形成自己对职业价值的认识，使得人在选择职业时，不可避免地带有家庭教育的印迹。家庭因素对职业取向的影响，主要体现在择业趋同性与协商性等方面。

一般情况下，个人对于家庭成员特别是长辈的职业比较熟悉，在职业规划和职业选择上就会产生一定的趋同性影响，同时受家庭群体职业活动的影响，个人的生涯决策或多或少产生于家庭成员共同协商的基础上。兴趣有时也受遗传的影响，父母的兴趣也会对孩子有直接的影响。

4. 受教育程度

个人接受教育的程度是影响个人职业兴趣的重要因素（图7-5）。任何一种社会职业客观上都对从业人员有知识与技能等方面的要求，而个人的知识与技能水平的高低在很大程度上取决于其受教育程度。一般意义上，个人学历层次越高，接受职业培训范围越广，其职业取向领域就越宽。

图7-5 个人学历层次越高，职业取向领域越宽

5. 社会因素

一方面，社会舆论对个人职业兴趣的影响主要体现在政府政策导向、传统文化、社会时尚等方面。政府就业政策的宣传是主要的影响因素，传统的就业观念和就业模式往往也制约个人的职业选择，而社会时尚职业则始终是个人特别是青年人追求的目标。如当前互联网经济影响我们生活的方方面面，而与互联网有关的职业也深受年轻人喜欢，如网络营销、电子竞技等。

另一方面，兴趣和爱好是受社会性制约的，不同的环境、不同的职业、不同的文化层次的人，兴趣和爱好都不一样。

〔行〕之有〔效〕

行 剪裁梦想霓裳

李怡，女，20岁，武汉职业技术学院纺织与服装工程学院学生。2019

图7-6 苦练技能，好学奋进

年“国家奖学金获得者”“中国电信奖学金获得者”，第46届世界技能大赛武汉市选拔赛第一名。2020年，参加首届全国职业技能大赛时装技术赛项，获得第八名，成功入选第46届世界技能大赛国家集训队（图7-6）。

兴趣坚定了选择

李怡出生在湖北十堰的偏远山区竹溪县，从小就对服装格外感兴趣的她，心中有一个成为“服装设计师”的梦想。因为家庭困难，懂事的李怡为了给家里省钱，选了免交学费的中职学校学习服装设计。2017年，李怡以专业第一的成绩进入武汉职业技术学院，成为服装设计专业的学生。考进武职后，她每天第一个到教室，课前预习、课后巩固、勤学善思、认真钻研，专业水平不断提高，每学期成绩都是班级第一，荣获2019年度中国电信奖学金、国家奖学金、国家励志奖学金等荣誉。

苦练中技艺高超

2019年，李怡通过了严苛的选拔，成为学校备战世界技能大赛时装技术项目集训基地的一名预备选手。为了分秒必争备赛，李怡每天不到6点就在宿舍楼下等待宿管阿姨开门，每天晚上10点半才回宿舍，甚至把生活用品和被褥搬到了集训室。备赛过程中，一个款式需要经过无数次的调整才能够达到满意的效果，为了完成任务熬夜到凌晨也是家常便饭。功夫不负有心人，李怡在全国职业技能大赛和第46届世界技能大赛武汉市选拔赛两个比赛中，获得了全国职业技能大赛服装设计与工艺赛项二等奖、第46届世界技能大赛湖北省选拔赛第一名的好成绩。

为了参加世技赛全国选拔赛，原本2020年6月毕业的李怡拒绝了多家知名服装公司抛出的橄榄枝，选择继续留在学校一心冲刺国赛。每天在集训室练习基本功，画图、立裁、制作工艺零部件，日复一日地练习，经常做到很晚就直接睡在了实训室。比赛期间，李怡晕车厉害，她就选择空腹，坚持参加完比赛再进食；没有实训室完备的设施，李怡就把酒店床板拼接用来打版和制图；项目结束得再晚，李怡都会与指导老师探讨次日的赛程。最终李怡以第8名成绩入选国家队，随后将备战全国10进5选拔赛。

效 迷茫、焦虑又找不到出路，可能会在每一个毕业生身上不同程度地反映出来，因为确定职业方向确实不是一件简单的事情。

应当说，没有好与不好的工作，只有适合或者不适合你的工作。随着职业分工越来越细，不同工作岗位对于工作能力的要求也更加细，所以就更有必要根据自身的情况来选择自己的职业方向。

在举棋不定的时候，我们可以通过询问身边的亲朋好友对自己的评价，来确定自己的优势与劣势，也可以通过回顾自己过往所有学习和生活的表现，找到自己擅长的事情，并从中总结出自己的优势，发现自己的不足。

另一方面，我们还需要了解社会岗位的具体需求。不同的岗位除了对专业技能有要求之外，还有对可迁移能力的要求。像人力资源类岗位，重要的是擅长处理人与人的关系，而产品的设计和制造则需要分析和解决问题的能力。二者的能力要求完全不同。应当根据行业特点、岗位要求和个人情况来决定自己的方向。

同时，要确定自己的职业目标，需要将长期目标与短期目标相结合。既要知道自己每个阶段应该做什么，也要将目标拆解成更加具体的计划。

最终的职业选择，还需要考虑自己的家庭环境、个人背景等各方面的因素。职业规划的路上，不仅仅是要做出最佳选择的决策，更重要的是让自己不后悔。

〔思〕×之有×〔得〕

思　随着社会的发展，社会分工越来越细，新兴行业与职业不断涌现，而各行各业都有杰出的人才，我们无论从事什么行业，都能做出成绩，成为这行的专家、能人。即将步入职场的我们将会面临人生中第一次由自己决定的重大选择，应当如何理智地选择自己将来的路呢？是结合自己的兴趣选择，还是以收入水平选择呢？

得　劳动发现职业兴趣，兴趣助力正确择业。通过本章学习希望你了解什么是职业兴趣，如何去发现和培养自己的职业兴趣。我们希望你在学校期间多参加生产实习，尽可能多地去体验各种工作，在不同工作中发现你的优势，从而逐渐发现并培养你的职业兴趣，为你事业的成功打下坚实的基础。

第七单元
交互式测验

第八单元

做好准备，助力职业起航

学习目标

素养目标

具备较强的专业技能储备，能够很好地完成与所学专业相关的工作。

具备较强的规划能力，能够为自己的目标做充分的准备。

知识目标

了解常用办公软件的基本功能，掌握 Word、Excel、PPT 等办公软件的使用方法和技巧。

掌握简历的编写技巧及主要内容。

了解面试的基本环节，掌握面试技巧（图 8-1）。

图8-1 就业准备

言之有理

言 **人生的扣子从一开始就要扣好。**

——习近平

理 2014年5月4日，习近平在北京大学师生座谈会上说，青年的价值取向决定了未来整个社会的价值取向，而青年又处在价值观形成和确立的时期，抓好这一时期的价值观养成十分重要。这就像穿衣服扣扣子一样，如果第一粒扣子扣错了，剩余的扣子都会扣错。人生的扣子从一开始就要扣好。

习近平在座谈中还说，时间之河川流不息，每一代青年都有自己的际遇和机缘，都要在自己所处的时代条件下谋划人生、创造历史。各位同学都将面临毕业的时候，我们该如何选择自己的人生之路呢？知道自己的长处与能力，明白时代的使命，选择社会与时代最需要我的地方施展才能。一旦选择，百折不挠。

求之有道

求 **常言道，机会留给有准备的人。那么作为即将步入社会的学生，我们应该提前做一些什么准备呢？应该具备哪些基本能力呢？**

道 一、进入职场前的能力准备

（一）专业技能储备

专业技能是一个人在工作中可持续发展的最基本保障。只有掌握了一技之长才能在工作中获得重视，而技能的高低、稀缺程度也决定了你在企业中的重要程度。所以，要想在事业中获得成功，我们必须掌握一门专业技能，将学校所教授的专业知识牢记于心，并能够运用于实践。

视频

大赛点亮人生，技能成就未来

（二）常用办公软件

除了专业知识的学习外，我们还需掌握常用的办公软件（图8–2）。办公软件是应用软件中按功能划分出的一个分支，主要是为了帮助人们在平时的工作中快速方便地制作和处理文字、文件、数据、报表、幻灯片等。办公软件不但包括微软Office系列、金山WPS系列等传统的office系列软件，还包括企业用的协同办公软件、政府用的电子政务系统、税务用的税务系统等软件。目前，办公软件的应用范围很广，大到社会统计，小到会议记录的办公，均离不开办公软件的使用。随着信息技术的快速发展，办公软件朝着操作简单化、功能细化等方向发展。办公软件不再限定在传统的打打字、做做表格之类的软件，而专注于某些功能深化的小软件也越来越受重视。

图8–2 掌握常用办公软件

Word、Excel、PPT是最常用的办公软件。

Word办公软件是目前世界上最流行、最常用的文字编辑、排版软件。使用它不仅可以提高文档的编辑效率，在修改时也是非常方便的。Word软件不仅可以编写各种报告、论文、合同等文本，还可用于编辑信件、通知、请柬等文档。

Excel办公软件是一个全能的电子表格，应用领域广泛。其强大的数据处理、分析能力可以为企业经营管理、工程分析提供数据依据。它可以作为基本的电子表格取代财务报表，可以建立财务模型进行假设分析，还可以绘制适应性很强的图形和直观的图表，进行统计分析、科学计算和数据库管理，并对多级数据进行汇总分析等。

PowerPoint办公软件简称PPT，主要用来制作幻灯片。每张幻灯片中包含图片及相应的注释文字，可以根据幻灯片上的按钮，实现图片的切换和查找功能。PPT可以用于演讲、汇报，也可以进行产品的宣传。

二、求职技巧

（一）影响求职的因素

应届大学生在求职前需要先确定自己的求职方向，也就是明确自己的职业规划。一般按城市、行业、公司、岗位的顺序考虑这几个因素，逐步地确定自己的职业规划。

1. 关于城市的选择

是选择北上广深等一线城市，还是省会城市或回到老家？大家在选择时，需要综合考虑城市的经济实力、工作机会、消费水平、自己对城市的喜爱程度（人文环境、交通、气候、美食等），还要考虑家庭因素。

2. 关于行业的选择

一般朝阳行业、福利待遇高的行业是我们优先选择的。但是除了考虑薪酬外，也要考虑工作压力、自身兴趣等。是选择金融、互联网、房地产等薪资福利待遇好但工作压力大的行业，还是选择线上教育、社区线上团购平台等近几年快速发展的行业？需综合考虑个人兴趣和职业发展。

3. 关于公司的选择

是选择一个萝卜一个坑的大企业，还是选择啥都要会干的小公司？在大企业你可以学习完善的管理体系、制度，接触到最前沿的行业信息、更优秀的人才，享受完备的薪酬福利保障。在小公司你可能成为一个全能人才，人力、财务、营销、市场、行政等岗位可能都有你的身影。另外，大企业管理规范，实力雄厚，有保障。有大企业的工作经历，即使跳槽也会提升个人价值。小公司抗风险能力则比较差，新冠疫情之下就倒闭了很多小公司，有时候你甚至需要担心是否能按时领到工资。

4. 关于岗位的选择

选择就业岗位时，需要结合自己的专业、在学校期间的实习情况，选择一个适合的、喜欢的、擅长的岗位。如果你想跨专业求职，那就要考虑公司的核心岗位、门槛要求高的岗位，这些岗位一般会有更高的工资和更多的机会。

（二）简历制作技巧

让个人简历更漂亮需要注意几个关键词：简洁明了、突出重点、逻辑清晰。个人简历最好在一页纸中全部呈现。简历内容并不是越多越好，要突出重点、简洁明了。另外，要注重逻辑、层次，如个人基本信息、教育经历、工作经历、主要成就（获奖情况）等。

1. 简历应该包括的主要内容

在编写简历时，不同于已经有工作经验的人，高校应届毕业生要做的就是用精练的语言把你所学所得展示出来（图8-3）。因此，除了

图8-3 简历

要注意介绍自己的背景、学校经历、爱好等，更重要的是筛选出匹配这份岗位的能力内容，可以通过数据和事实来支撑。尤其是展现自己专业技能的方面，尽量挑选和自己应聘的岗位相关的技能来写，而且写的时候要描述具体，至于不太出彩的技能则可以省略。

这里需要提醒同学们，在找工作时，简历是你的敲门砖，因此必须重视。编写简历时，需要熟悉目标公司职位，并有针对性地调整自己的简历。鉴于每家公司的招聘信息和岗位职责不同，在求职时一定要了解并熟悉目标公司的岗位职责，从而根据其岗位描述来调整简历，以便展示自己优势。尤其需要琢磨岗位描述中的关键词，因为这很有可能就是应聘岗位时所需的主要能力。

2. 简历中如何写在校经历

在一份简历中，在校经历是较为重要的一个组成部分，除了要写明自己所读院校、所学专业之外，也要适当提及自己在校期间的一些经历。那么，在简历中在校经历应该挑哪些写呢？写的时候又有哪些注意事项呢？

（1）只写相关的经历。有些同学在校经历特别多，但只需要筛选出和意向公司岗位相关的经历及经验即可，因为写在校经历的目的是证明自己有能力做好目标工作，能够胜任自己的目标岗位，而非展示自己经历丰富。

（2）采用倒叙称述。很多人在写简历时，喜欢从过去讲到现在。但其实从现在讲到过去的倒叙方式反而更容易加分。因为用人单位更加关心你近两三年的经历，倒叙不仅便于阅读，也能够帮助简历筛选者找到其所关心的重点。

（3）内容表述要简洁。在招聘过程中，由于简历筛选的工作量往往很大，筛选人员查看一份简历的时间会非常有限，所以一份有效的简历，必须在有限的时间和纸张版面内，把自己想要告知对方的信息让对方看到。因此，简洁且主次分明就非常重要，不要有大段的文字赘述，所有经历在描述清楚的前提下要尽量简洁。

请同学们记住，职业生涯开始前，真诚和努力就是你最好的财富。因此，编写简历时，内容真实是前提。

有些同学在校经历较少，于是选择编造一些经历。通过描述，把自己营造成一个好像很有经验的工作者，这是不可取的。事实上HR并不欣赏这样的毕业生，相反会因为其造假和不真诚，对其印象大打折扣。编写简历最基本的原则就是真实，一旦被用人单位发现你的简历有造假现象，就算拿到offer也可能会被辞退，之后找工作也会更难。

（三）面试技巧

1. 加深面试官的第一印象的方法

面试时，如何让面试官眼前一亮？可以从两个方面着手：

一是从着装入手，加深面试官的第一印象。个人需提前做一下功课，实地考察一下公司环境、位置等，了解公司的相关细节，比如企业的LOGO、员工的穿衣风格等。面试当天的着装搭配尽量与公司的整体风格相近，然后选用一件配饰，突显自己的个性。男生可以从领带、手表或是皮带着手，女生可以选合适的丝巾、发饰、手表作为搭配，尽可能体现自己的精神气及与众不同。

二是面试中的自我介绍环节（图8-4）。自我介绍是面试中常见的环节，这是一个很好的开场白，面试官可以借机考察应聘者的语言表达能力、应变能力、心理承受能力和逻辑思维能力等。自我介绍是最能体现个人独特性的地

图8-4 自我介绍

方，因此切忌照搬照抄网上的自我介绍模板，这是不会吸引面试官的。很多人的自我介绍为什么让人听不下去呢？那是因为废话多、逻辑乱、没重点。同一个意思如果能用一句话说到位，就不要用两句。自我介绍大体包括基本信息、经历、总结。应聘者需要考虑，自己阐述的这个经历是否能传达自己具备某种品质？自己的总结是否能引发面试官的共鸣？

个人介绍是需要大量时间准备的。在面试前，个人需要通过日常的劳动和经历来挖掘认识自己，再用几天来研究、反复修改如何展示自己，最后用两三天来不断练习，才能打造出让面试官眼前一亮的自我介绍。

2. 迅速提升面试官好感度的途径

（1）了解企业并针对企业存在的问题提出见解。这并不是单纯地打开企业官网，背一下企业成立的年份、法人代表的名字以及企业的主要产品。应聘者可以上网查一下企业大事件，或者设想企业遇到的问题（不太准确也没关系），并借此发表自己的看法或提出建议，如能了解竞争对手的信息进行交流，那就更会让面试官另眼相看了。

（2）有详细的职业规划。记住是职业规划，而不是应聘者在该公司的发展规划，所以不要说先学习两年，然后独立担当业务，接着争取带个团队之类的，万一情况有变，怎么达成？你的职业规划应该是无论在哪家公司都有意愿达成的，可以分三步说：第一步，职业愿景。5年后你要成为什么样的人，10年后你要成为什么样的人。第二步，职业规划。为了完成这些，你分阶段要做些什么，学些什么。第三步，当前准备。为了实现你的职业规划，现在你正在做什么，为什么而努力。

3. 面试中应该注意的环节

细节决定成败，面试时应该注意一些行为习惯。

（1）认真聆听面试官的问题、评论或者感受。人们喜欢别人听自己说话胜于自己听别人说话。你应该通过总结、复述、回应面试者说的话，使对方喜欢你，而不是仅仅只注意自己的表达。

（2）适当赞美，不要做得太过头。当看到办公室好看的东西时，你可以趁机赞美几句，以打破见面时的尴尬，但不要说个没完。多数面试官讨厌这种赤裸裸的巴结奉承。相反，你应该及时切入正题——工作。

（3）讲话停顿时，显得像是在思考的样子。这么做能使你显得是那种想好了再说的人。这种做法在面对面的面试时是可以的，因为面试官可以看得出你在思考而且是想好了才回答。但谨记，在电话面试和视频面试时，不要作思考的停顿，否则会出现死气沉沉的缄默。

（4）适当做笔记。携带一本小笔记本，在面试官说话时，特别是你问完一个问题之后，或者他在特别强调某件事情时，你可以做些记录。做笔记不仅表明你在注意听，而且也表明你对面试官的尊重。

4. 群面中的技巧

在招聘过程中，尤其是校园招聘，群面是运用最广泛的一种选人形式。群面（图8–5）又叫无领导小组讨论，许多应聘者组成一个小组，就给定的问题进行讨论与决策。下面分享一些群面技巧，帮助同学们获得理想的岗位。

图8–5 群面

（1）重自我介绍。无论是一对一面试还是群面，自我介绍都十分重要。在群面开始之前，每个人都会做一个简单的自我介绍，但时间会比单独面试短很多，我们必须把握住。自我介绍时，面带微笑，吐字清晰。除了自己的基础信息外，你需要直接说明自己的核心竞争力是什么，比如说工作经验丰富、业务能力强、特长等。另外，在其他应聘者自我介绍时，可以观察他人是如何做的，同时也要观察面试官的反应。

（2）讲团队协作。群面是一个临时组成的小组，就给出的问题进行讨论与决策。有些群面中，还需要应聘者相互协助共同解决问题。群面的目的在于考察应聘者的综合表现，不是谁强势、谁说话最多，谁就最优秀，应聘者需要在团队中体现出自己的价值与能力。如果一个小组可以顺利完成群面考题，不仅需要每个人展示自己，还需要解决团队内的各种问题。如果你有余力去帮助别人，会给你加分不少。

（3）注重基本职场礼仪。职场礼仪非常重要，面试官们会观察你是否具有任职时应该具有的职场礼仪。基本职场礼仪的考察从刚刚进入面试考场就开始了，有没有与面试官、组员起身打招呼，在位置上等待的时候坐姿是否良好等，都会成为考察的细节。切记，在讨论问题时，对别人正在发表的观点有不同意见时，千万不要打断别人的话，要等其说完后再补充，这是对说话者的尊重。

〔行〕×之有×〔效〕

行 陈卫炜：从高职生到国外高校博士生的“抗争”

陈卫炜，常州信息职业技术学院优秀毕业生，如今是伦敦大学亚非学院的在读博士，她的硕士学位也是在这所学校拿到的，并且以各科与总分名列前茅的成绩被破格录取，成为这所学校少有招入的大专生。

陈卫炜依然记得高考失利时的情景，犹如初中时妈妈突然离世对她的打击一般。随之而来的是“一考定终身”的各种压力，父亲失望落寞的神情，亲朋好友怀疑的语气，绝望的她把自己关在房间里哭了好几天，当时她感觉“这辈子就这样了吧”。

出于对家庭负担的考虑，陈卫炜没有复读。父亲对她说，你可以在读专科的时候好好想想自己以后到底想做什么，不一定要做建筑设计，而且你可以专升本、继续读研，只要努力仍然有很多机会。最后，陈卫炜选择了常州信息职业技术学院。出于对语言的喜爱，她放弃了小时候当建筑设计师的梦想，选择了国际贸易与英语专业。

当陈卫炜真正成为一名专科生时，却不如当初设想的那么简单。“哪怕表现得再好，在亲戚朋友那里你都是一名专科生。我可能无法改变世界对我的看法，但是我可以改变我对世界的看法。就算全世界都觉得我不行，我也要通过自己的努力，在这个世界上得到认可（图8-6）。”陈卫炜说。

大一下学期开始，她给自己制定了每个学期的学习目标。陈卫炜依然记得第一次的目标：通过英语四级考试和日语能力考试的二级。而日语，则是她给自己选择的一门需要完全自学的外语。为了这些目标，陈卫炜几乎采用了一种半军事化的自我管理方式：每天早起晨读英语，空余时间几乎全部在图书馆学习。在3年时间里，她不仅拿到了英语四、六级证书和雅思6.5分的成绩、日语能力考试等级证书，还获得了优秀班干部的称号，并在大三时破例和外语学院日语专业学生一起去日本做短期交流。

2012年，陈卫炜被伦敦大学亚非学院破格录取进入硕士预科课程学习，她也是这所学院少有招入的大专生。事实上，陈卫炜凭借当时7分的雅思成绩让她直接进入了面试环节，也正是面试环节的突出表现让本来觉得她专业背景不合格的考官们转变了想法。在硕士预科中，她又以150名学生中各科与总分第一的成绩获得优秀毕业生，再次被破格录取为亚非学院的发展研究硕士。这150名学生只有3名中国学生，而她是唯一一名大专背景的学生。其他两个人，

图8-6
努力实现目标

则是国内顶尖院校的学生。

2016年9月，陈卫炜在亚非学院开始了她的博士课程。陈卫炜认为，草根精神就是通过坚持不懈的努力将“不可能”变为“可能”。她用自己的故事告诉别人，一路走来虽然不易，但只要敢想敢做，没有什么是不可能的。她在给母校常州信息职业技术学院新生的寄语中说道：“我完全不认同一考定终身的说法，你的人生是由你自己决定的。”

（资料来源：中国青年报，2017年08月14日第10版，有删减）

效 陈卫炜虽然只是一名高职学生，但是从她的案例中，我们看到了她一次次地被破格录取，一次次地突破不可能。正如陈卫炜父亲对她所说：“你可以在读专科的时候好好想想自己以后到底想做什么，不一定要做建筑设计，而且你可以专升本、继续读研，只要努力仍然有很多机会。”当然职业院校的同学们毕业后，绝大多数都会选择直接就业，但陈卫炜的事迹告诉我们应该如何去为选择做出准备和努力。

如果你想毕业后获得一份体面的工作，你就应该提前为之做出准备。首先，应该学好专业技能。陈卫炜学习的是国际贸易与英语专业，而她除了学习英语，还自学了日语。之所以能够破格进入硕士预科课程学习，很大原因就是她雅思成绩高达7分，让她直接进入了面试环节。其次，在找工作前一定要提升相应的求职技能，比如常用的办公软件的使用、简历的编写、面试的技巧等。陈卫炜在硕士入学面试中，正是因为出色的面试表现改变了考官们对一名专科生的印象。

用陈卫炜的朋友圈里的一幅配图中的文字与同学们共勉：“既然悲剧是注定的，那么不应该逃避，也不应该在虚幻中寻找自我安慰，而是应该沉下底层，去体验人生的真谛，做一个伤痕累累、痛苦万般的超人。”她的配文是：“即便徒劳，也要抗争。”

〔思〕之有〔得〕

思 未能进入心仪的大学，是很多职业院校同学共同的遗憾，但进入职业院校后，你是如何选择的呢？我们应该如何谋划自己的未来呢？我们每一位同学都应该做好自己学生生涯和职业生涯的规划，特别是在做学生生涯规划时，我们应该思考，如何学好自己的专业知识，提高自身的综合技能？要想在找工作、升学、公务员考试中脱颖而出，应该提前做哪些准备？

得 劳动使我们发现职业兴趣，兴趣帮我们选择将来的就业方向，但是要想获得心仪的工作，我们必须为之做出更多的准备。通过本单元学习，希望你重新认识专业技能的重要性。每一位同学首先应该学好自己的专业知识，这是学校学习成果的重要体现，也是学习能力的体现。就业过程中，包括升学和考公务员，都会经历初选和面试的过程，我们要提高自己的求职技能，为将来的求职做好准备。比如，掌握常用的办公软件，编写一份漂亮的简历，为面试官留下好的第一印象，提高在群面中的技巧等。

机会是留给有准备的人的。同学们只有提前具备职场中工作的基本能力，拥有敲开企业大门的敲门砖，才能获得心仪的工作。

第八单元
交互式测验

模 块 四

04 职场劳动知识

走出校园，走进职场，既是人生的成长蜕变，也将面临诸多现实挑战。本模块从劳动关系、劳动法律、劳动安全、劳动心理健康四个角度，介绍职场上常见的劳动关系知识，帮助学生更加从容地适应职场环境；通过讲解劳动合同签订、合法权益维护、岗位义务履行、保持健康心态等实用性内容，增强学生维护劳动权益的意识和能力，更好地实现个人成才与职业发展的良性互动。

第九单元

认识劳动关系中的“压舱石”

学习目标

素养目标

认识中国特色和谐劳动关系，明确自己在劳动关系中的地位。

能够用合法手段维系劳动关系，用劳动合同维护自身的合法权益。

知识目标

掌握劳动关系、中国特色和谐劳动关系的概念（图 9–1）。

了解劳动关系中的主体。

掌握劳动合同签订、维系、解除和终止相关知识。

图 9–1
和谐劳动关系

〔言〕×之有×〔理〕

言 **劳动关系是最基本的社会关系之一。要最大限度增加和谐因素、最大限度减少不和谐因素，构建和发展和谐劳动关系，促进社会和谐。要依法保障职工基本权益，健全劳动关系协调机制，及时正确处理劳动关系矛盾纠纷。**

——习近平

理 2018年9月10日，习近平在全国教育大会上的重要讲话提出了培育德智体美劳全面发展的社会主义建设者和接班人的总要求，这一提法进一步凸显了劳动教育的重要性。学习劳动关系知识是劳动教育的重要组成部分。学生毕业后如果步入职场或自主创业，就将成为劳动关系中的劳方或资方（图9-2），因此学习、掌握劳动关系基本知识对于毕业生具有特殊重要性。

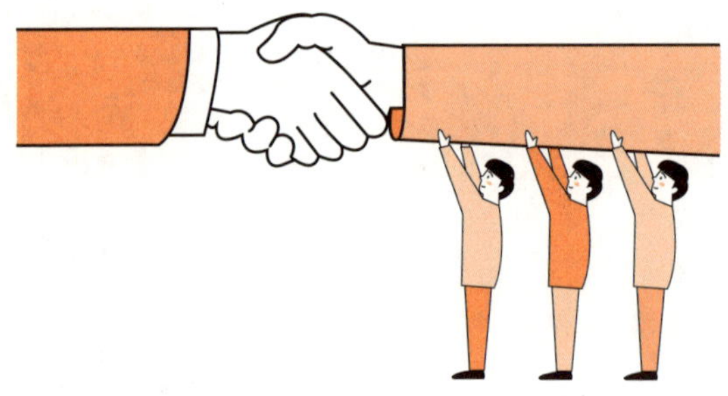

图9-2 和谐劳动关系中的一员

从学生个人层面看，经过劳动关系知识的系统学习，学生能够明确劳动关系在整个社会关系系统中的地位，掌握劳动关系的基本内涵和性质，认识劳资双方的权、责、利，今后无论作为劳方还是资方，都能在合法维护自身权益的同时积极承担自己的义务，在尊重劳动、热爱劳动、崇尚劳动的基础上，做到辛勤劳动、诚实劳动、创造性劳动。

从国家社会层面看，学生系统学习劳动关系知识，可以从社会分工的角度正确认识劳资双方的相互依存关系，具备分析和解决劳动问题的基本能力和本领，深刻理解中国特色和谐劳动关系构建的重大意义。那么劳动关系领域的冲突和矛盾必然大大降低，中国特色和谐劳动关系和社会主义和谐社会的构建将具备内在的基础。

〔求〕×之有×〔道〕

求　**什么是劳动关系？劳动关系中的主体有哪些？劳动关系维系的主要载体是什么？**

道　一、认识劳动关系

（一）什么是劳动关系

劳动关系是生产关系的重要组成部分，是最基本、最重要的社会关系之一。[1]劳动关系是否和谐，事关企业及广大职工的切身利益，事关经济发展与社会和谐。微观的劳动关系主要指劳资双方在工作场所形成的用工关系，因此其核心主体是企业和劳动者，劳动者为企业提供劳动进而企业可以实现盈利，企业为劳动者支付报酬进而劳动者可以生存发展。宏观的劳动关系是指劳动者与用人单位以及双方的代表组织，在生产、劳动和社会事务的交往过程中结成的一种社会关系，包含国家、社会、行业、产业等不同层面劳动者与企业及

1 《中共中央 国务院关于构建和谐劳动关系的意见》（中发〔2015〕10号）。

双方代表组织之间的社会关系，以及对这一关系有直接影响的其他社会关系。[1] 因此，宏观的劳动关系主体还包含代表企业的企业组织、代表劳动者的工会以及平衡双方力量的政府。[2]

（二）中国特色和谐劳动关系

图9-3 构建和谐劳动关系

习近平指出，努力构建中国特色和谐劳动关系（图9–3），是坚持中国特色社会主义道路、贯彻中国特色社会主义理论体系、完善中国特色社会主义制度的重要组成部分，其经济、政治和社会意义十分重大而深远。党和国家高度重视构建和谐劳动关系，制定了一系列法律法规和政策措施并作出工作部署，取得了明显成效。2015年，中共中央、国务院印发的《关于构建和谐劳动关系的意见》，系统阐述了构建中国特色和谐劳动关系的重大意义、指导思想、基本原则、目标任务和政策措施，明确提出要建立规范有序、公正合理、互利共赢、和谐稳定的劳动关系，是指导劳动关系工作的纲领性文件。

二、劳动关系中的“你我他”

（一）雇主

雇主就是我们通常所说的企业老板，是劳动关系中的劳动力使用者。广义上，雇主是指现代劳动关系中代表资方负责管理和处理劳工事务的法人或自然人。所以，雇主的概念可以包括企业老板、企业的经营者和管理者、事业单位

1 刘向兵 . 劳动的名义 [M]. 北京：中国工人出版社，2018.

2 刘向兵 . 劳动通论 [M]. 北京：高等教育出版社，2020.

负责人以及代表企事业单位处理劳资事务的其他人。雇主最基本的权利是劳动力使用权，除此还拥有生产管理权、人事权（包括录用权、调配权和解雇权）、业务命令权、设施管理权、惩戒权、闭厂权等。

（二）劳动者

劳动者是指在现代产业社会的劳动关系中受雇于他人，以劳动工资为主要生活来源的体力或脑力工作者（图9–4）。劳动者是劳动关系中的一个重要主体，在劳动过程中依法享有知情权、建议与参与权、审核与否决权、共决权等基本权益。[1]从我国劳动关系的现实情况看，劳动者在劳动关系双方中处于相对弱势，因而劳动者需要工会组织代表他们来表达他们的合理诉求，维护他们的合法权益。工会由劳动者组成，是劳动者权益的代表。“中国工会是中国共产党领导的职工自愿结合的工人阶级群众组织。”[2]工会的作用是使劳动者能站在与企业同等立场上，就种种问题进行交涉，以期提高劳动者的地位。[3]

图9–4 生产中的劳动者

（三）政府

政府是劳动关系的协调者，是劳动关系管理中不可或缺的主体。没有政府的介入，劳动关系也无法正常运行。作为劳动关系的协调者，政府的角色主要为立法者、监督者、损害控制者、调解与仲裁者。在处理劳动关系事务中，我

1 常凯 . 劳动关系学 [M]. 北京：中国劳动社会保障出版社，2009.

2 《中国工会章程》总则。

3 相马达雄 . 论日本工会组织诸问题 [J]. 中外法学，1996（3）.

国政府通过立法建制、健全组织领导体系、加强对话协商、强化劳动监察、突出权益保障等措施，从不同的向度对和谐劳动关系进行调控。另外，政府还通过强化和谐劳动关系的宣传普及，充分利用报纸、电视、网络等信息传播载体，大力弘扬爱岗敬业、诚实守信、守法经营等理念，加强正面典型宣传，为建设和谐劳动关系营造良好的社会氛围。

在中国，代表政府实施劳动关系宏观治理的机构主要是劳动行政部门。劳动行政部门的职责主要包括：参与国家和地方的劳动立法及对劳动法律法规、劳动政策、劳动标准的实施进行落实、组织协调和监督检查；为企业和劳动者及其各自的代表组织提供服务，促进政府与企业、企业组织、劳动者、工会相互之间的有效协商与合作；根据企业、劳动者及其各自代表组织的要求，提供物质支持和技术帮助；主导劳动关系三方协商机制，协调劳动关系双方代表组织之间的关系，对危及社会公共利益的劳动纠纷和突发事件采取应急措施，推进劳动法制化建设，健全、完善各项劳动法律制度；参与劳动争议仲裁工作，对重大劳动争议案件进行调解和斡旋，为劳动关系双方提供法律服务和援助；规范劳动力市场的运作，形成城乡之间劳动力的有序流动，促进劳动者平等就业等等。

三、劳动关系中的“压舱石”——劳动合同

（一）劳动合同的订立

图9-5 签订劳动合同

1. 应聘

应聘，俗称找工作，是企业与员工建立劳动关系的起始，是签订劳动合同的前提。签订劳动合同（图9-5）、建立劳动关系的过程实际是劳资双方双

向选择的过程。这个过程中，劳动者找到自己满意的企业到喜欢的岗位工作；企业招聘合适的劳动者到合适的岗位工作。

应届毕业大学生在求职前需要先确定自己的求职方向，也就是明确自己的职业规划。一般按城市、行业、公司、岗位的顺序考虑这几个因素，一步一步地确定自己的职业规划。

求职者在应聘前，需要收集招聘单位的各项信息，了解招聘单位的主营业务、发展状况、工作环境、收入水平、员工职业发展等。应聘过程中，针对不同的企业、不同的岗位，准备相应的材料和应对策略。

拓展延伸

以下是某招聘网站上公布的一则招聘信息。

大连××集团招聘公告

招聘信息

招聘岗位：人事行政专员　　招聘人数：1人

发布时间：2022-01-04　　职位类别：职能类

学历要求：大专　　工作地点：天津××区

岗位职责：

1. 负责售楼处的招聘工作，与培训资料的收集及上报；
2. 负责案场人员的入、离、调、转手续办理；
3. 负责月度考勤及工资的制作及流程提报；
4. 完善人员花名册及周报、日报的更新；
5. 社保公积金增减员流程的提报及各项人事基础工作的办理；
6. 各项行政工作及临时性工作的处理；
7. 上级领导交办的其他工作；

任职要求：

1. 年龄35岁以下；
2. 大专及以上学历；

3. 行业内任职经验 1~3年;

4. 具备物业行业工作经验、熟悉OA系统者优先考虑。

2. 签订劳动合同

签订劳动合同既是劳动法赋予合同当事人双方的义务，也是劳动合同对合同当事人双方具有法律约束力的主要表现。用人单位经过一系列甄选环节，筛选出符合岗位要求的求职者，在征得求职者同意之后进行背景调查、体检等程序，然后依据录用条件做出是否录用的决策。拟录用者确定无异议后，用人单位可以和拟录用者签订劳动合同，约定试用期，开始进入彼此了解、考察的过程。经过一定时间的试用期，考核合格，录用者正式成为岗位的任职人员，招聘和雇佣工作基本完成。在雇佣过程中，劳资双方一旦发生事实用工，其劳动关系建立，需要企业和劳动者共同遵守相关法规。

劳动合同的内容包括必备条款和约定条款两部分。《劳动合同法》第17条规定，劳动合同中应当具备以下必备条款：用人单位的名称、住所和法定代表人或者主要负责人；劳动者的姓名、住址和居民身份证或者其他有效身份证件号码；劳动合同期限；工作内容和工作地点；工作时间和休息休假；劳动报酬；社会保险；劳动保护、劳动条件和职业危害防护；法律、法规规定应当纳入劳动合同的其他事项。除以上必备条款外，用人单位与劳动者可以约定试用期、培训、保守秘密、补充保险和福利待遇等其他事项。

拓展延伸

哪些情形下的劳动属于事实劳动关系

1. 没有书面合同形式，通过以口头协议代替书面劳动合同而形成的劳动关系。

2. 应签而未签订的劳动合同。用人单位招用劳动者后不按规定订立劳动合同而形成的劳动关系。

3. 用人单位与劳动者以前签订过劳动合同，但是劳动合同到期后用人单位同意劳动者继续在本单位工作却没有与其及时续订劳动合同而形成的事实延续的劳动关系。

4. 以其他合同形式代替劳动合同，即在其他合同中规定了劳动者的权力、义务条款。

5. 劳动合同构成要件或者相关条款缺乏或者违法，事实上成为无效合同，但是双方依照这一合同规定已经建立的劳动关系。

（二）劳动合同的维系

劳动合同的维系实际就是劳动者在企业工作，执行劳动合同的过程。这个过程中包括劳动合同履行、变更和续订。

劳动合同的履行是指合同当事人双方履行劳动合同所规定义务的法律行为。劳动合同履行过程中用人单位应当及时、足额支付劳动报酬，严格执行劳动定额标准，保护劳动者生命安全和身体健康。如用人单位未合法履行劳动合同，劳动者有权对用人单位提出批评、检举和控告。

劳动合同的变更是指当事人双方或单方依法修改或补充劳动合同内容的法律行为，是在原合同基础上对部分条款进行修改、增加或者删减，而不是签订新的劳动合同。客观情况发生变化或者劳资双方通过协商形成合意，均可以变更劳动合同的内容。

为增加工作的主动性，用人单位应在劳动合同期限届满前主动了解劳动者的意向，对有续订劳动合同意向的劳动者，而且用人单位也同样具有续订意向的，应提前向劳动者发续订意向通知书。用人单位与劳动者在续签劳动合同时应该注意，无论劳动者的岗位是否发生变化，都不可以再约定试用期。如果劳动者具备了订立无固定期限劳动合同的条件，又提出了订立请求，用人单位则应当与劳动者订立无固定期限劳动合同。否则，自应当订立无固定期限劳动合同之日起，用人单位需要向劳动者支付双倍的工资进行赔偿。

（三）劳动合同的解除与终止

1. 劳动合同的解除

劳资双方协商一致解除劳动合同。只要不违背法律的强制性规定，不损害国家、社会和他人的合法权益，经劳动合同双方当事人协商一致，即可以解除劳动合同。

延伸阅读

劳动者可以解除劳动合同的情形

劳动者单方解除劳动合同又称辞职。根据劳动者辞职前是否提前告知企业，辞职可分为预告辞职和即时辞职。预告辞职是劳动者单方面的意思表示，不受企业的制约，无须企业同意，是其依法享有的权利，但须经过一个程序，即提前30日以书面形式通知企业（试用期内提前3天通知企业）。即时辞职是劳动者无须提前向企业预告，而可以在任何时候辞职的行为。但是劳动者行使该权利受到一定的限制，一般是在企业有重大过错的情况下，劳动者可即时辞职。

延伸阅读

用人单位可即时解除劳动合同的情形

用人单位单方解除劳动合同又称解雇。企业解雇员工也可分为预告解雇和即时解雇。预告解雇是在法律法规规定的几种情形下，企业须向员工预告后才能将其解雇，以终止劳动关系。预告的形式是企业提前30日以书面形式通知劳动者本人，或者是额外支付劳动者一个月的工资。即时解雇是指劳动者有重大过错时，企业无须向对方预告就可随时通知解除劳动合同，终止劳动关系。用人单位采用解雇的方式单方解除劳动合同的情况，用人单位均需要向劳动者支付相应的经济补偿。裁员是一种特殊的企业单方解除劳动合同的方式，主要指因企业单方面的原因，如经营状况恶化、调整内部结构以提供新产品或服务、保证人力资源的质量等，而集中辞退员工的行为。

2. 劳动合同的终止

与民事合同不同，劳动合同中禁止约定终止条件。劳动合同的终止，只能是法律规定的情形导致的。这些情形包括：第一，劳动合同到期，劳资双方劳动关系自动终止。第二，劳动者退休或者开始领取社会养老保险。退休是劳动者因为年老或者因工、因病致残而完全丧失劳动能力进而退出工作岗位。第三，劳资双方有一方主体不存在了，劳动合同无法正常履行。如劳动者死亡，或人民法院宣告死亡或者宣告失踪；企业被依法宣告破产、被吊销营业执照、责令关闭、撤销或者决定解散等。

〔行〕×之有×〔效〕

行 实习生与公司不存在劳动关系，你信吗？

大连某货轮公司招聘实习生若干，担任初级海员相关工作。小明与小邹是在校大学生，专业是航海技术，将于2020年6月30日毕业。2019年12月27日，小明与小邹以在校实习生身份应聘至该岗位。公司承诺，小明与小邹毕业之后公司计划录用。当日双方签订实习协议，一式两份，双方约定实习期自2019年12月27日至2020年7月1日（如毕业时间延误，则本协议自动顺延），按照公司政策，货轮公司将统一安排所有拟录用的大学生于2020年7月23日正式报到并签订书面劳动合同。2020年5月16日，小明与小邹取得毕业证与学位证，但公司未终止协议仍然安排其实习，他们也继续实习。2020年6月25日，下班途中，公司班车发生交通事故，经过医院的抢救，小明与小邹均成功脱险，小明左脚骨折，小邹右手骨折。为了不让家里担心，他们并不想告知父母，但随之而来的高达2万元的医疗费，让两个刚毕业的学生焦头烂额。小明回忆起学习过的劳动法律知识，认为这是工伤事故，于是第一时间向公司提出了工伤申请。但公司认为，小明是在校大学生，不属于我国劳动法规定的劳动者身份，公司提供给他的岗位只是实习岗位，双方签订的实习协议上也明确记载岗位为实习，双方不存在劳动关系，故拒绝申请工伤认定。但出于人道主义关怀，如果小明、小邹不再提出工伤认定，公司愿意给予小明、小邹

5 000元慰问金。面对公司的要求，小邹认为自己确实刚刚毕业，还没有和公司签订劳动合同，没有劳动关系，所以欣然接受了5 000元的慰问金。但小明坚持认为，其与公司已存在劳动关系，公司应该认定工伤，并给予相应补贴，故到劳动争议仲裁院申请仲裁。[1]

什么是劳动关系？小明与公司存在劳动关系吗？公司是否应该给小明进行工伤认定呢？

仲裁院审理后认为，小明取得双证之后，已符合劳动法规定的主体资格，且小明接受公司管理，领取实习报酬，因此存在事实劳动关系。最终，仲裁院支持小明确立劳动关系并认定工伤诉求，货轮公司承担因建立事实劳动关系产生的经济补偿等法律后果。

效 实习生小明认为，他本人取得毕业证之后即属于我国劳动法意义上的劳动者，货轮公司仍安排其实习，并致后续在工作过程中受伤，他与公司存在劳动关系，该事故应该认定为工伤，享受工伤待遇。货轮公司认为，小明身份仍然为在校大学生，不属于我国劳动法规定的劳动者身份，公司提供给他的岗位只是实习岗位，双方签订的实习协议上也明确记载岗位为实习，双方不存在劳动关系，故拒绝申请工伤认定（图9-6）。法院审理后认为，小明于2020年5月16日取得毕业证与学位证，5月16日之前小明以在校大学生身份到货轮公司实习，该行为出于小明提升自身能力、积累实习经验的目的，此时的身份为在校学生，不是法律意义上的劳动者，与实习单位即被告

图9-6 劳动者身份影响劳动关系的确认

1 崔亚娜，方乐华 . 特殊员工管理 [M]. 北京：中信出版社，2015.

货轮公司不存在劳动关系，因此，接受小明实习的货轮公司与尚未毕业的学生之间未建立劳动关系。但小明取得双证之后，货轮公司、小明均已符合劳动法规定的主体资格，是合格的用工主体双方，且小明接受公司管理，领取实习报酬。此时，货轮公司仍安排其实习并继续从事有偿劳动，法院认定双方建立了事实劳动关系。最终法院支持小明确立劳动关系并认定工伤诉求。

依据相关法律的规定，企业不与劳动者签订劳动合同的，劳动者实际付出了劳动，就存在事实劳动关系。存在事实劳动关系，劳动者如何保护自身权益？有以下申诉途径：① 与企业协商解决；② 向劳动争议调解委员会申请调解；③ 向劳动争议仲裁委员会申请仲裁；④ 向人民法院提起诉讼。

企业不与劳动者签订劳动合同的，劳动者可以要求单位支付双倍工资，并补订书面劳动合同，若劳动者不与用人单位订立书面劳动合同或劳动者被单位辞退，用人单位应当书面通知劳动者终止劳动关系，并支付劳动者经济补偿。

思之有得

思 我们一旦毕业，步入社会，劳动关系将成为我们生活中非常重要的一种社会关系。劳动关系中劳动者、雇主、政府都承担着什么角色？它们的权利和义务都是什么？它们在利益上是否有冲突呢？

劳动合同是保护劳动者权益的重要手段，但实践中确有大量的中小企业未及时与劳动者签订劳动合同。当我们面临未签劳动合同就用工的情况，应该怎么办？在职业院校的学习中，有很多顶岗实习的机会，实习中与企业没有劳动关系，那么我们的劳动权益如何保障？如果发生工伤，怎么办？

得

劳动关系是一种非常重要的社会关系。微观的劳动关系主要指劳企双方在工作场所形成的用工关系，其核心主体是企业和劳动者。劳动者为企业提供劳动进而企业可以实现盈利，企业为劳动者支付报酬进而劳动者可以生存发展。

通过本单元的学习，同学们可以认清自己在工作中的地位，了解如何与用人单位建立劳动关系。通过对劳动合同管理的学习，我们能够认识到《劳动合同法》的重要性，能够初步了解劳动合同订立、维系以及解除与终止等流程中应该遵守的规则和享有的权利。

第九单元
交互式测验

第十单元

看清劳动法律中的“红绿灯”

学习目标

素养目标

遵守劳动纪律和职业道德，积极提高职业技能，执行劳动规程。

遵守劳动法律法规，具备维护自身劳动权益的能力（图 10-1）。

知识目标

掌握工作时间与休息休假相关的标准。

掌握基本工资标准、社会保障标准。

了解劳动者应该遵守的义务。

掌握劳动者维权的手段。

图10-1 劳动者权益保护

言之有理

言 **我国工人阶级和广大劳动群众要发扬识大体、顾大局的光荣传统，正确认识和对待改革发展过程中利益关系和利益格局的调整，正确处理个人利益和集体利益、局部利益和全局利益、眼前利益和长远利益的关系，树立法治观念，增强法律意识，自觉维护社会和谐稳定。**

——习近平

理 习近平指出，市场经济应该是法治经济，和谐社会应该是法治社会。推动我国经济社会持续健康发展，不断开拓中国特色社会主义事业更加广阔的发展前景，就必须全面推进社会主义法治国家建设，从法治上为解决这些问题提供制度化方案。近几年，中国劳动关系领域基本构建起了市场化的治理框架，建立了较完善的劳动法律体系（图10–2）。随着依法治国的深入推进，中国特色和谐劳动关系的建设逐步进入法治轨道，根据劳动关系发展的新情况、新趋势，相关法律法规不断完善，充分发挥法治在构建和谐劳动关系中的引领和规范作用。劳动关系建立、运行、监督、调处的全过程实现法制化轨道。

图10–2 法律保障劳动公平

作为即将步入社会的新时代劳动者，同学们应该树立法治观念，增强法律意识，掌握基本的劳动法律知识，具备用法律维护自身权益的能力，用实际行动践行依法治国理念。

〔求〕之有〔道〕

求　作为一名在校学生，我们终将步入职场。作为一名劳动者，面对工作场所中的各种情形，哪些我们有权说不，哪些我们又必须遵守？遇到自身权益受到侵害，我们如何去申诉呢？

道　一、我有权说“不”——劳动者的权利

根据《中华人民共和国劳动法》第3条规定，劳动者具有以下权利：劳动者享有平等就业和选择职业的权利、取得劳动报酬的权利、休息休假的权利、获得劳动安全卫生保护的权利、接受职业技能培训的权利、享受社会保险和福利的权利、提请劳动争议处理的权利以及法律规定的其他劳动权利。

（一）我有权对不合法的加班说“不”

1. 工作时间标准

工作时间是指法律规定的劳动者在一昼夜或一周内从事工作的时间，即劳动者每天应工作的时数或每周应工作的天数。

工时制度分为标准工时制、缩短工时制、延长工时制、不定时工作制和综合计算工时工作制五类。

（1）标准工作时间。标准工作时间（标准工时）是指法律规定的在一般

情况下普遍适用的，按照正常作息办法安排的工作日和工作周的工时制度。根据《国务院关于职工工作时间的规定》，标准工作时间为职工每日工作8小时、每周工作40小时。

（2）缩短工作时间。缩短工作时间是指法定特殊条件下少于标准工作时间长度的一种工作时间。下列情况适用缩短工时：

① 从事矿山井下、高山、有毒有害、特别繁重体力劳动的劳动者。

② 从事夜班（22时—次日6时）工作的劳动者。

③ 在哺乳未满1周岁婴儿期工作的女职工。每日安排1小时哺乳时间。多胞胎，每多哺乳一个婴儿，每天增加1小时哺乳时间。[1]

图10-3 劳动者延长工作时间

（3）延长工作时间。延长工作时间是指劳动者每个工作日的工作时间超过标准工作时间长度的工作日制度（图10-3）。延长工作时间包括加班和加点。加班是指职工根据用人单位的要求，在法定节日或者公休日继续工作。加点是指职工根据用人单位的要求，在标准工作时以外继续工作。

1）延长工作时间一般规定：① 必须与工会协商。② 必须与劳动者协商。③ 不得超过法定时数。一般每日不超过1小时，特殊原因也不得超过3小时，但每月不得超过36小时。[2]

2）延长工作时间特殊规定（不受限制的特殊情况）：① 发生自然灾害、事故或其他原因，威胁劳动者生命健康和财产安全，需要紧急处理的。② 生

1 《女职工劳动保护特别规定》第9条。

2 《中华人民共和国劳动法》第41条。

产设备、交通运输线路、公共设施发生故障，影响生产和公共利益，必须及时抢修的。③ 法律、行政法规规定的其他情形（在法定节日和公休假日内工作不能间断的，必须连续生产、运输或者营业的；必须利用法定节日或者公休假日的停产期间进行设备检修、保养的；为完成国防紧急任务的；为完成国家下达的其他紧急生产任务的）。[1]

3）延迟工作时间的补偿。

① 安排劳动者延长工作时间的，给付不低于工资的150%的工资报酬；

② 休息日安排加班但又不能补休的，给付不低于工资的200%的工资报酬；

③ 法定节假日安排劳动者加班的，应给付劳动者不低于300%的工资报酬。

法定节假日加班不可以安排劳动者补休，因为该节日具有特定的意义，无法通过补休来实现劳动者在该日休息的权利，只能以加班费的形式给予弥补。

（4）不定时工作时间和综合计算工作时间。不定时工作制是指每一工作日没有固定的上下班时间限制的工作时间制度。综合计算工时工作制指采用的是以周、月、季、年等为周期综合计算工作时间，但其平均日工作时间和平均周工作时间应与法定标准工作时间基本相同。也就是说，在综合计算周期内，某一具体日（或周）的实际工作时间可以超过8小时（或40小时），但总实际工作时间不应超过总法定标准工作时间。

延伸阅读

可以实行不定时工作制、综合计算工时工作制的情形

因工作性质或生产特点的限制，不能实行标准工时制度的，可以实行不定时工作制或综合计算工时工作制，但需要到劳动人事部门申请审批。申报流程参见《关于企业实行不定时工作制和综合计算工时工作制的审批办法》。

1 《中华人民共和国劳动法》第42条。

2. 休息休假标准

休息休假，又称休息时间，是指劳动者在法律和行政法规规定的法定工作时间以外自行支配的时间，包括劳动者每天休息的时数、每周休息的天数、节假日、年休假、探亲假等。

（1）法定节假日。法定节假日是指根据各国、各民族的风俗习惯或纪念要求，由国家法律和行政法规统一规定的用于庆祝和度假的休息时间。

拓展延伸

全国年节及纪念日放假办法

根据2013年12月11日《国务院关于修改〈全国年节及纪念日放假办法〉的决定》第三次修订法。

一、全体公民放假的节日：

（一）新年，放假1天（1月1日）；

（二）春节，放假3天（农历正月初一、初二、初三）；

（三）清明节，放假1天（农历清明当日）；

（四）劳动节，放假1天（5月1日）；

（五）端午节，放假1天（农历端午当日）；

（六）中秋节，放假1天（农历中秋当日）；

（七）国庆节，放假3天（10月1日、2日、3日）。

二、部分公民放假的节日及纪念日：

（一）妇女节（3月8日），妇女放假半天；

（二）青年节（5月4日），14周岁以上的青年放假半天；

（三）儿童节（6月1日），不满14周岁的少年儿童放假1天；

（四）中国人民解放军建军纪念日（8月1日），现役军人放假半天。

三、少数民族习惯的节日，由各少数民族聚居地区的地方人民政府，按照各该民族习惯，规定放假日期。

四、二七纪念日、五卅纪念日、七七抗战纪念日、九三抗战胜利纪念日、九一八纪念日、教师节、护士节、记者节、植树节等其他节日、纪念日，均不放假。

五、全体公民放假的假日，如果适逢星期六、星期日，应当在工作日补假。部分公民放假的假日，如果适逢星期六、星期日，则不补假。

（2）年休假。年休假又称带薪年休假，是指职工满1年的工作年限后，每年享有的保留工作带薪连续休假。《职工带薪年休假条例》规定：职工连续工作1年以上的，享受带薪年休假。职工在年休假期间享受与正常工作期间相同的工资收入。职工累计工作已满1年不满10年的，年休假5天；已满10年不满20年的，年休假10天；已满20年的，年休假15天。

（二）我有权对不合理的薪酬说“不”

劳动者有取得劳动报酬的权利。随着劳动制度的改革，劳动报酬成为劳动者与用人单位所签订的劳动合同的必备条款。劳动者付出劳动，依照合同及国家有关法律取得报酬，是劳动者的权利。而及时定额地向劳动者支付工资，则是用人单位的义务。用人单位违反这些应尽的义务，劳动者有权依法要求有关部门追究其责任。获取劳动报酬是劳动者持续地行使劳动权不可少的物质保证（图10–4）。

图10–4 获得劳动报酬是劳动者的基本权利

工资是指用人单位依据国家相关规定或劳动合同的约定，以法定货币形式直接支付给本单位劳动者的劳动报酬，一般包括计时工资、计件工资、奖金、津贴和补贴、加班加点工资以及特殊情况下支付的工资等。

津贴是指为了补偿职工特殊或额外的劳动消耗和因其他特殊原因支付给职工的劳动报酬。常见的津贴有高温津贴、夜班津贴、有毒有害岗位津贴等。补贴是指为了保证职工工资水平不受物价影响支付给职工的物价补贴，补贴形式通常包括交通补贴、用餐补贴等。

为了保护劳动者的权益，避免企业压榨劳动者，国家建立了最低工资制度。最低工资是指劳动者在法定工作时间内提供正常劳动的前提下，其所在单位应支付的最低劳动报酬。最低工资标准分为月最低工资标准和小时最低工资标准。各地的最低工资标准有所差异，由各省、自治区、直辖市等地方政府规定。各地确定的最低工资标准与当地的经济发展状况、社会平均工资水平、劳动生产率、就业状况等因素密切相关。

根据《最低工资规定》的相关条款，表10–1中不得作为最低工资组成部分的有：① 加班加点工资。② 夜班、高温、井下、有毒有害等特殊工作环境下的津贴。③ 法定社会保险和福利待遇等。

表10–1　××公司××××年7月员工工资细目　　单位/元

工号	部门	姓名	月份	基础工资	绩效奖金	交通补助	餐补	缺勤扣款
××××007	人力资源部	小明	7月	2 500.00	3 545.00	300.00	500.00	0
应发工资	6 845.00	代扣保险	752.95	代缴个税	32.76	实发工资	6 059.29	

（三）我有权对不合规的社保说“不”——社会保险标准

我国现行的社会保险通常称为“五险一金”。所谓“五险一金”指的是五种社会保险和公积金。“五险”包括养老保险、医疗保险、失业保险、工伤保险和生育保险；“一金”指住房公积金。其中养老保险、医疗保险和失业保险三种险是由企业和个人共同缴纳的保费；工伤保险和生育保险完全是由企业承担的，个人不需要缴纳。“五险一金”的缴纳基数和比例是由各地主管部门根据当地社会经济发展水平和劳动者工资收入水平来确定的，因此各地略有差异。

图10–5 养老金保障劳动者退休后基本生活

基本养老保险是国家根据法律、法规的规定，强制建立和实施的一种社会保险制度。在这一制度下，用人单位和劳动者必须依法缴纳养老保险费，在劳动者达到国家规定的退休年龄或因其他原因而退出劳动岗位后，社会保险经办机构依法向其支付养老金等待遇，从而保障其基本生活（图10–5）。

基本医疗保险是为补偿劳动者因疾病风险造成的经济损失而建立的一项社会保险制度。通过用人单位和个人缴费，建立医疗保险基金，参保人员患病就诊发生医疗费用后，由医疗保险经办机构给予一定的经济补偿，以避免或减轻劳动者因患病、治疗等带来的经济风险。

失业保险、工伤保险以及生育保险都是在一定特殊情况发生下对劳动者才会生效的社会保险。

失业保险是保障劳动者在失业后短时间内，没有生活来源，由社会集中建立资金为劳动者提供帮助，促进再就业的制度。工伤保险，又称职业伤害保险，是通过社会统筹的办法，集中用人单位缴纳的工伤保险费，建立工伤保险基金，对劳动者在生产经营活动中遭受意外伤害或职业病，并由此造成死亡、暂时或永久丧失劳动能力时，给予劳动者及其实用性法定的医疗救治以及必要的经济补偿的一种社会保障制度。这种补偿既包括医疗、康复所需费用，也包括保障基本生活的费用。

生育保险是国家通过立法，在怀孕和分娩的妇女劳动者暂时中断劳动时，由国家和社会提供医疗服务、生育津贴和产假的一种社会保险制度，是国家或社会对生育的职工给予必要的经济补偿和医疗保健的社会保险制度。社会保险缴纳比例如表10–2所示。

表10–2　社会保险缴纳比例

保险项目	缴纳比例	
	单位	个人
养老保险	不超过20%	8%
医疗保险	8%左右，各地有所浮动	2%左右，各地有所浮动
失业保险	0.5%左右，各地有所浮动	0.5%左右，各地有所浮动
工伤保险	根据不同行业缴费费率不同，一般为0.2%~2%	无须缴费

续表

保险项目	缴纳比例	
	单位	个人
生育保险（已与医疗保险合并）	1%左右，各地有所浮动	无须缴费
住房公积金	5%~12%，用人单位可在这一范围内自行选择，单位和个人1:1等额缴纳	

二、我应该遵守——劳动者义务

根据《中华人民共和国劳动法》第3条规定，劳动者应该履行以下义务：劳动者应当完成劳动任务，提高职业技能，执行劳动安全卫生规程，遵守劳动纪律和职业道德。

完成劳动任务是劳动者工作的最基本的义务。劳动者应当兢兢业业、勤勤恳恳地劳动，保质保量地完成规定的工作任务。提高职业技能、执行劳动安全卫生规程、遵守劳动纪律和职业道德，既是劳动者的义务，也是劳动者完成劳动任务的保证。劳动者努力提高职业技能、技术业务知识和实际操作技能，有利于提高劳动生产率，从而提高企业的效益。遵守职业道德和劳动纪律，是保证生产正常进行和提高劳动生产率的需要。职业道德是从业人员在职业活动中应当遵循的道德，是一般社会道德在职业活动中的体现，其基本要求是忠于职守，并对社会负责。而现代企业生产经营，客观上要求每个劳动者严格遵守企业劳动纪律，以保证集体劳动的协调一致，从而提高劳动生产率，为企业和社会创造更多的价值。

拓展延伸

习近平给郑州圆方集团职工回信

2020年4月30日在“五一”国际劳动节来临之际，中共中央总书记、国家主席、中央军委主席习近平给郑州圆方集团全体职工回信（图10-6），向他们并向全国各族劳动群众致以节日的问候。

习近平在回信中表示，新冠肺炎疫情发生后，你们在集团党委带领下，一直坚守保洁、物业等岗位，不少同志主动请战驰援武汉等地的医院，以实际行动为抗击疫情作出了贡献。大家辛苦了！

习近平指出，伟大出自平凡，英雄来自人民。面对这次突如其来的疫情，从一线医务人员到各个方面参与防控的人员，从环卫工人、快递小哥到生产防疫物资的工人，千千万万劳动群众在各自岗位上埋头苦干、默默奉献，汇聚起了战胜疫情的强大力量。希望广大劳动群众坚定信心、保持干劲，弘扬劳动精神，克服艰难险阻，在平凡岗位上续写不平凡的故事，用自己的辛勤劳动为疫情防控和经济社会发展贡献更多力量。

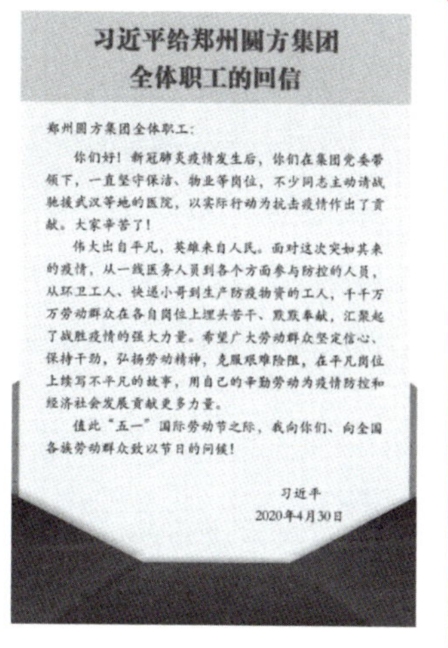

习近平给郑州圆方集团全体职工的回信

郑州圆方集团全体职工：

你们好！新冠肺炎疫情发生后，你们在集团党委带领下，一直坚守保洁、物业等岗位，不少同志主动请战驰援武汉等地的医院，以实际行动为抗击疫情作出了贡献。大家辛苦了！

伟大出自平凡，英雄来自人民。面对这次突如其来的疫情，从一线医务人员到各个方面参与防控的人员，从环卫工人、快递小哥到生产防疫物资的工人，千千万万劳动群众在各自岗位上埋头苦干、默默奉献，汇聚起了战胜疫情的强大力量。希望广大劳动群众坚定信心、保持干劲，弘扬劳动精神，克服艰难险阻，在平凡岗位上续写不平凡的故事，用自己的辛勤劳动为疫情防控和经济社会发展贡献更多力量。

值此“五一”国际劳动节之际，我向你们、向全国各族劳动群众致以节日的问候！

习近平

2020年4月30日

图10-6 习近平给郑州圆方集团全体职工的回信

三、我可以申诉——劳动者维权

劳动争议，是劳动者和用人单位之间，基于劳动关系而产生的对各自权利义务的争议。我国对劳动争议的解决，采取的是重调解、保护劳动者利益，维持劳动关系和谐稳定的原则。为此构建了通过协商、调解、仲裁和诉讼途径解决劳动争议的争议解决机制。其中协商和调解并非必须程序，但为解决纠纷起到了很好的分流和疏导作用，仲裁和诉讼成为解决劳动争议纠纷的必经程序，并且规定仲裁前置，形成了一裁二审的纠纷解决系统（图10–7）。

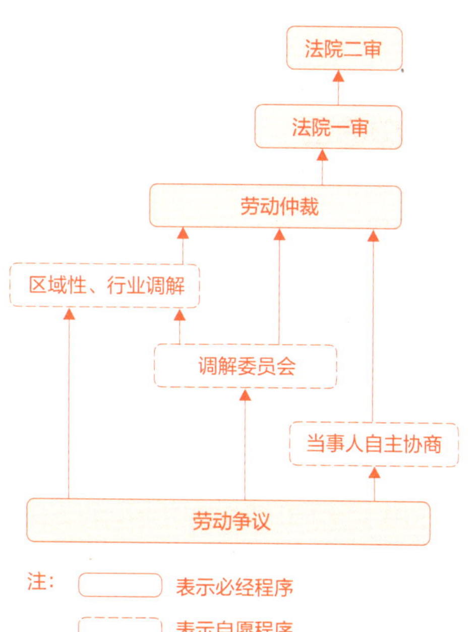

图10–7 我国劳动争议处理系统

法律依据

《劳动争议调解仲裁法》第5条规定："发生劳动争议，当事人不愿协商、协商不成或者达成和解协议后不履行的，可以向调解组织申请调解；不愿调解、调解不成或者达成调解协议后不履行的，可以向劳动争议仲裁委员会申请仲裁；对仲裁裁决不服的，除本法另有规定的外，可以向人民法院提起诉讼。"

本部分主要解读解决劳动争议的四个途径的基本概念，帮助大家了解各个途径的流程和特点。

（一）我可以协商调解

1. 争议的主体

劳动争议主体一般指发生争议的用人单位和劳动者。用人单位包括企业，个体经济组织，民办非企业单位，会计师事务所、律师事务所等合伙组织和基金会。劳动者通常就是指与用人单位建立劳动关系的个人。

拓展延伸

不适用劳动争议法律关系的劳动者：公务员、军人、事业单位参公管理的人员、在校学生、农民、未依法办理就业证件的外国人和港澳台地区人员、退休返聘人员。

2. 劳动争议的范围

根据《劳动争议调解仲裁法》第2条规定，适用于我国相关劳动法律法规的争议包括：

（1）因确认劳动关系发生的争议；

（2）没有订立书面劳动合同，但已形成劳动关系后发生的纠纷；

（3）因订立、履行、变更、解除和终止劳动合同发生的争议；

（4）因除名、辞退和辞职、离职发生的争议；

（5）因工作时间、休息休假、社会保险、福利、培训以及劳动保护发生的争议；

（6）因劳动报酬、工伤医疗费、经济补偿或者赔偿金等发生的争议；

（7）法律、法规规定的其他劳动争议。

拓展延伸

非劳动争议的纠纷

以下争议不适用于劳动争议处理的相关法律，需要视为民事纠纷处理。

（1）劳动者请求社会保险经办机构发放社会保险金的纠纷；

（2）劳动者与用人单位因住房制度改革产生的公有住房转让纠纷；

（3）劳动者对劳动能力鉴定委员会的伤残等级鉴定结论或者对职业病诊断鉴定委员会的职业病诊断鉴定结论的异议纠纷；

（4）家庭或者个人与家政服务人员之间的纠纷；

（5）个体工匠与帮工、学徒之间的纠纷；

（6）农村承包经营户与受雇人之间的纠纷；

（7）用人单位与其招用的已经依法享受养老保险待遇或领取退休金的人员发生用工争议，向人民法院提起诉讼的，人民法院应当按劳务关系处理；

（8）企业停薪留职人员、未达到法定退休年龄的内退人员、下岗待岗人员以及企业经营性停产放长假人员，因与新的用人单位发生用工争议，依法向人民法院提起诉讼的，人民法院应当按劳动关系处理。

3. 劳动争议协商

劳动争议的协商，是指劳动者与用人单位为解决劳动争议，通过平等自愿、互谅互让的沟通商谈，在认清事实、明辨是非的情况下，化解矛盾达成共识的过程。双方当事人这种自主化解决争议的方式，是当事人解决争议的首要途径，并贯穿于争议处理全过程。

拓展延伸

协商的策略

在劳动争议协商过程中，采用适当的协商策略是达成协商一致的重要因素之一。一般来看，协商策略的运用主要包括以下内容：

（1）进攻策略。在协商过程中，双方协商代表势必一开始就采取进攻性策略。即根据宏观经济形势和本地区、本行业、本企业的经济发展趋势对自己有利的条件，来证明自己观点的正确性。

（2）退却策略。协商机制最大的特点是具有灵活性和创造性。通常情况下，协商一方提出的建议遭到对方拒绝后，往往从这一领域退却，作出一些让步。而从另一领域提出要求，以达到同样的目的。

（3）坚守策略。当协商双方意见分歧较大时，必须进行耐心磋商。为此，应特别注意在协商中语言表达和情况的沟通，仍然僵持不下时，可以将一些非原则、影响不大的分歧作为让步，从而使协商谈判不至于全面僵化。

（4）迂回策略。在协商过程中，协商双方都要确定意向实现的目标，但也不能一开始就将自己的最终目标全盘托出。对此，应首先选择一般性问题进行协商，并就此达成共识，以便营造良好和谐的协商氛围，然后再谈主要问题。

（5）双赢策略。在协商中，一开始双方差异较大，虽然在劳动关系上，集体协商谈判的双方存在着利益差异，但其利益也存在着一致性，这就为协商谈判注入了成功的因素。双方如果能在某些方面同时作出让步，缩小差距，努力寻找共同点，则会达到双赢的目的。

4. 劳动争议调解

劳动争议的调解，是指在第三方主持下，依据法律法规和道德规范，劝说争议双方当事人，通过民主协商，互谅互让，达成协议，从而消除争议的一种方法与活动（图 10–8）。

图10–8 劳动争议调解会议

劳动争议调解制度是我国建立的社会主义新型劳动制度的一项重要内容，也是妥善处理劳动争议的一种有效途径，它和劳动争议仲裁制度、司法裁判制度相配合，及时、有效、稳妥地处理了大量的劳动争议，为稳定劳动关系、化解劳动矛盾、构筑和谐的劳动用工关系发挥了积极作用。

1993年的《企业劳动争议处理条例》正式建立了企业劳动争议内部调解制度，规定了企业劳动争议调解委员会的组织形式和调解规则。1995年施行的《劳动法》对企业劳动争议调解制度再次进行了确认和完善，并且把调解原则扩大到劳动争议仲裁和诉讼程序中。2008年的《劳动争议调解仲裁法》总结了以往劳动争议调解工作的经验，对劳动争议调解制度进行了完善，较为系统、全面地建立了具有中国特色的劳动争议调解制度体系和机制。

根据《劳动争议调解仲裁法》的规定，当事人申请劳动争议调解本着自愿的原则，可以书面申请，也可以口头申请。口头申请的，调解组织应当当场记录申请人基本情况，申请调解的争议事项、理由和时间。

我国《劳动争议调解仲裁法》规定的常见的劳动争议调解机构有三类：① 企业劳动争议调解委员会；② 依法设立的基层人民调解组织；③ 在乡镇、街道设立的具有劳动争议调解职能的组织。

申请人以书面或口头形式向企业劳动争议调解委员会提出申请后，调解委员会应当依法进行审查，然后根据不同情况，分别作出决定。《企业劳动争议协商调解规定》第22条规定："调解委员会接到调解申请后，对属于劳动争议受理范围且双方当事人同意调解的，应当在3个工作日内受理。对不属于劳动争议受理范围或者一方当事人不同意调解的，应当做好记录，并书面通知申请人。"

（二）我可以仲裁

仲裁，是指由双方当事人协议将争议提交具有公认地位的第三者，由该第三者对争议的是非曲直进行评判并做出裁决的一种解决争议的方法。仲裁异于诉讼和审判，仲裁需要双方自愿，也异于强制调解，是一种特殊调解，是自愿型公断，区别于诉讼等强制性公断。仲裁活动和法院的审判活动一样，关乎当事人的实体权益，是解决民事争议的方式之一。

劳动争议仲裁是仲裁的一种，其仲裁的对象是当事人之间的劳动纠纷。劳动争议仲裁是指法律授权的专门机构，依据法律、法规的规定和劳动争议当事人的申请，以第三者的身份，对争议事项居中调解并做出判断和裁决的法律活动。图10-9为劳动争议仲裁的流程。

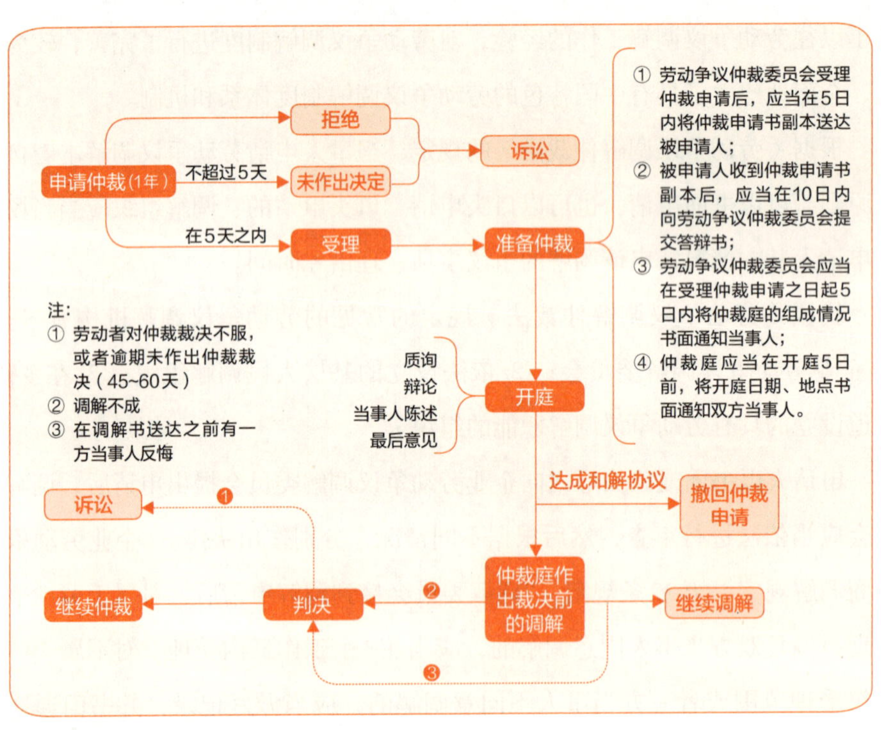

图10-9 劳动争议仲裁的流程

（三）我可以诉讼

劳动争议诉讼是争议当事人就争议事项向法院起诉，法院依据相关的法律、法规对争议进行审理并作出判决的司法解决方式。

我国现行的“一裁两审”机制将仲裁前置，即经过仲裁审理的劳动人事争议案件，当事人不服裁决，才能向法院起诉，法院依法受理后，才真正进入诉讼程序。劳动争议当事人对仲裁裁决不服的，有权在收到裁决书之日起15日内向法院起诉，超过这个时限的，裁决书即发生法律效力，当事人无权再向人民法院起诉。

〔行〕×之有×〔效〕

行 勿把特殊工时当作“筐”，任何岗位都可往里“装”

汪某于2017年1月4日入职某客运公司，双方订立了为期3年的劳动合同，约定汪某的工作地点为北京，月工资为8 000元，具体工作内容为“客运站站场车辆管理”，并约定，客运公司实行加班申请制，汪某因个人原因需加班的应事先向客运公司提出书面申请，依据公司加班申请流程经批准后方可加班，否则不视为加班等。在该劳动合同中，双方未约定汪某的具体工作岗位及执行何种工时制。入职当日，汪某在《关于实行不定时工作制确认书》上签字确认，内容为：客运公司对包括区域总经理、副总经理、长途客运司机、车辆调度等岗位实行不定时工作制，公司已经征求了本人意见，本人自愿同意实行等。2018年3月30日，汪某以“工作太累、工作时间过长”为由提出辞职。2018年4月，汪某向仲裁委提出仲裁申请，要求客运公司支付工作期间的延时及休息日加班费。庭审中，客运公司主张汪某为车辆调度岗位，但未能就此举证证明。汪某对此不予认可，主张其岗位为站场车辆安全检查员，并提交了年休假审批表予以证明。该年休假审批表显示汪某的岗位为站场车辆安全检查员，公司对该年休假审批表的真实性不持异议。此外，针对其存在加班情形的主张，汪某提交了工作往来电子邮件、考勤打卡记录、与直接主管的通话录音等证据佐证。[1]

汪某实行的是不定时工作制吗？他的申诉会得到仲裁机构的支持吗？如果你是汪某，面对公司加班申请制度、签订不定时工作制确认书的做法，你会对领导说不吗？

图10–10 劳动者劳动时间受法律保护

效 根据法律规定，企业确因生产经营特点和工作的特殊性不能实行标准工时制的（即每日工作8小时，每周工作40小时），经人力社保行政部门批准，可以实行特殊工时制度，即综合计算工时工作制或者不定时工作制。因此，没有批准的，我们有权说不（图10–10）。《北京市企业实行综合计算工时工作制和不定时工作制的办法》（京劳社资发〔2003〕157号）规定，除企业中的高级管理人员实行不定时工作制不办理审批手续外，其他人员实行综合计算工时工作制或者不定时工作制均须办理审批手续。由此可见，对劳动者是否实行特殊工时，不取决于双方在劳动合同中的约定或用人单位的单方告知，而在于劳动者所在的岗位实行特殊工时是否经过人力社保行政部门审批。用人单位不得“巧妙”地将此岗位的特殊工时审批“移植”到彼岗位，从而损害劳动者的相关权益。

1 案例来源：2019年11月5日，北京市人力社保局发布的《2019年劳动人事争议仲裁十大典型案例》，案例内容有所改编。

〔思〕之有〔得〕

思　在工作过程中，普通劳动者通常处于弱势地位。刚刚步入职场的学生们，应该如何保护自身的合法权益？我们应该掌握哪些常用的法律知识？当面对劳动权益被侵害的时候，我们如何申诉，找谁申诉，如何最大限度地保护自身的权益？

得　作为劳动关系中最重要的一个主体，我们要承担认真工作、遵守企业规章制度的义务。同时，我们受到劳动法律的保护，拥有获得工资的权利、获得休息休假的权利、获得社会保险的权利等。当我们的权益受到侵害时，我们有权说不。我们可以通过协商、调解、仲裁或者诉讼的方式申诉。

通过本单元学习，我们可以学习到工作场所中常见的侵权行为，以及相关法律规定，能够了解如何通过常见的劳动争议申诉手段保护自己的合法权益。

第十单元
交互式测验

第十一单元

走好劳动安全的“斑马线”

学习目标

素养目标

具备对安全生产事故原因的分析能力。

树立安全生产的意识（图 11–1）。

具备职业卫生素养和应对职业卫生伤害的处置能力。

知识目标

掌握“人、机、环境、管理”事故发生的系统理论。

了解避免事故发生的措施和手段。

了解职业病及其危害因素。

了解未来职场中面对可能发生的职业病伤害的应对办法。

图11–1
警钟长鸣，安全第一

〔言〕×之有×〔理〕

言 **如果事情有变坏的可能，不管这种可能性有多小，它总是会发生。**

——墨菲定律

任何不安全事故都是可以预防的。

——海因里希法则

理 职业院校的培养目标是培养面向生产、管理、服务第一线，具有综合职业能力的高素质技术性人才。作为一名职业院校学生面对一线劳动生产时，第一要务就是要高度重视劳动生产安全，因为没有了安全，其他一切都是空谈。从一些报道中我们不难发现“各类工伤事故层出不穷，职业病的发生令人触目惊心”：一次麻痹大意引发一场惨烈的大火，一次违章操作造成一起严重的事故……有的事故甚至付出的是生命的代价。面对这些血淋淋的教训，我们不禁想问：为什么悲剧一再上演？为什么工作中总有那么一些习惯性违章屡禁不止？为什么一些安全隐患总是得不到根除。究其原因，还是人们的安全知识缺乏、安全意识薄弱。做任何一件事情，如果客观上存在一种错误的做法，或者存在发生某种事故的可能性，不管发生的可能性有多小，当重复去做这件事时，事故总会在某一时刻发生，这就是“墨菲定律”。墨菲定律提醒我们，安全工作不可能没有漏洞，既然漏洞不可完全避免，那么我们就不能有丝毫的放松思想，不能有丝毫的侥幸心理。劳动生产中要尽量杜绝事故发生，事故往往是由一些不经常发生的小概率突发事件引起的，正是由于这些事件发生的概率一般比较小，所以往往被忽视，从而产生侥幸心理和麻痹思想，这恰恰是事故发生的主观原因。对事故的防范，要在事故发生之前采取措施，做到见微知著，防微杜渐。事故不会突然发生，在其发生之前早有所征兆，我们在劳动生产中就是要不断发现事故的隐患而将其化解为无形，不放过任何细小问题和细节，发现事故苗头或有不良征兆，积极采取相应措施将事故消灭在萌芽状态。

在未来的职场中，我们在确保劳动生产安全的前提下，还要警惕另一种无声的伤害，那就是职业病这个隐形杀手。对于每一位劳动者来说，在复杂多样的职业环境下，采取有效措施防范职业伤害以及出现职业伤害后如何应对，也就显得尤为重要。

〔求〕之有〔道〕

求 **事故是如何发生的？我们如何才能避免事故？怎么加强职业卫生防护？**

道 一、事故是如何发生的

事故的发生有其自身的规律和特点。在安全生产领域，一条重要的法则即海因里希法则，它非常形象直观地告诉了我们，事故是如何发生的（图11–2）。这个法则是美国安全工程师海因里希提出的。当时，他统计了55万起机械事故，其中死亡、重伤事故1 666起，轻伤事故48 334起，其余则为无伤害事故。海因里希从中得出一个重要结论，即在机械事故中，严重伤害、轻度伤害和无伤害事故的比例为1∶29∶300。在一起严重事故的背后，是29起轻微事

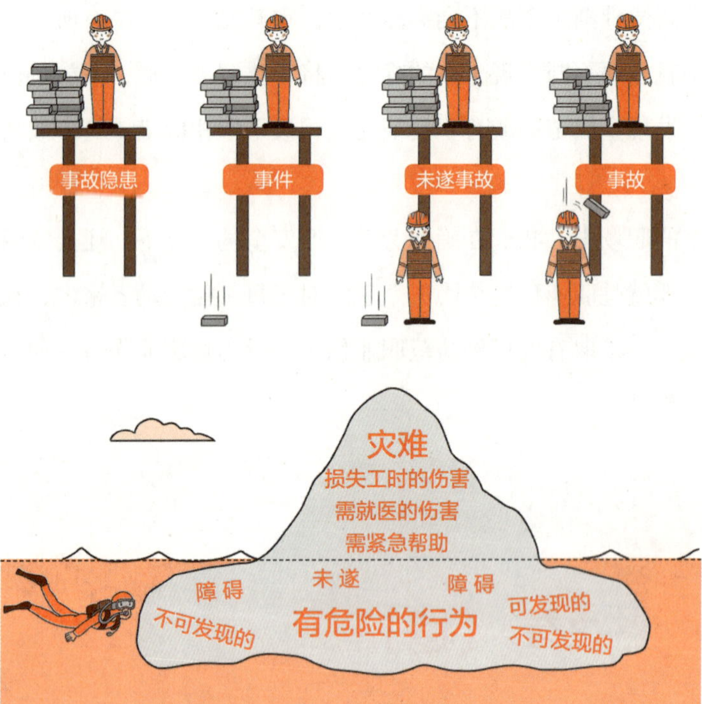

图11-2 事故的发生过程

图11-3 海因里希冰山理论图

故。通过“海因里希法则”原理分析对安全事故进行分析查找一般事故、重大事故、特大事故之间的比例关系，探求规律，采取针对的安全措施，控制和降低事故。

由该条法则延伸而来的海因里希冰山理论（图11–3）是这样描述的：事故就像冰山，有漂浮在海上的冰山，那就是可见的事故，包括需要紧急帮助的事故、需要就医的伤害、损失工时的伤害和灾难事故；冰山隐藏在海下的部分往往比海面上的部分严重得多，安全障碍、各种未遂的安全事故、危险的行为，这些小事故隐藏在海面下，往往没有被人发觉，但是它积累得越多，海面上的事故发生得也越多。就像浮在海面的冰山往往只是冰山整体的一小部分，而冰山隐藏在水下没有被我们看到的部分，却庞大得多。劳动者或者企业往往注意的也是容易见到的已发生的事故，而对事故的发展过程和形成因素却很少关注。要避免事故，不能只关注海面上的事故，还要关注海下各种隐藏的不安全因素。事故是不安全行为或者不安全条件不断累积发展的必然后果。一个暴露出来的严重事故必定有成千上万的不安全行为掩藏其后，而劳动者在劳动过程中就要及时发现并消除安全隐患。

二、事故产生的系统因素

我们不管在学校的实践实操训练，还是未来工作的劳动生产过程中，随时随地都可能遇到危险因素，一旦对危险因素失控，必将导致事故。虽然事故的发生有其偶然性，任何人都不希望发生事故，但是，事故却总是在人们对危险因素控制不力、危险趋势不可遏制后突然发生。探求事故成因，人的不安全行为、物的不安全状态、环境因素不佳、管理措施不到位等，都是事故发生的直接原因。下面从上述四方面来分析事故的成因：

1. 人的不安全行为

安全管理专家对170万件事故进行了研究、比对和分析，最后得出一个重要结论。该结论把事故划分成三大类，如图11-4所示。

据图11-4可知，由于人的因素导致的事故占了事故总数的88%。

由此可见，人的不安全行为是造成事故的主要因素。下面以机械伤害事故为例，看看人的不安全行为的一些代表性表现：一是操作失误，忽视安全，忽视警告。操作者缺乏应有的安全意识和自我防护意识，思想麻痹，有

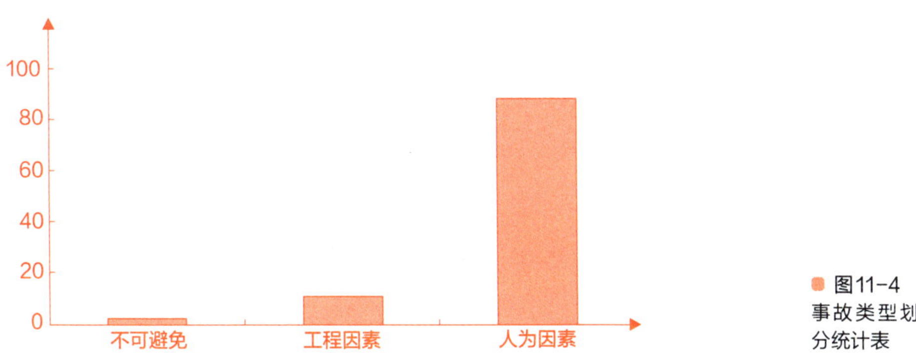

图11-4 事故类型划分统计表

违章操作，违反操作流程。二是操作人员野蛮操作，导致机器设备安全装置失效或失灵，造成设备本身处于不安全状态。三是手工替代工具操作或冒险进入危险场所、区域，如有的劳动者为图省事，走捷径，擅自跨越机械传动部位。四是机械运转时加油、维修、清扫或者操作者进入危险区域进行检测、安装、调试，虽然关停设备，但未开启保险装置，又无他人在场监护，将身体置身于他人可以启动设备的危险之中。五是操作者忽视使用和佩戴劳动保护用品。

2. 物的不安全状态

图11-5 机器“带病作业”隐患多

从发生事故的角度，我们可以把物的不安全状态看作引起或可能引起事故的物的状态。物（机械）的不安全状态主要表现为：设计不当、结构不符合安全要求；强度不够，包括机械强度不够、绝缘强度不够等；设备在非正常状态下运行，如设备带“病”运转、超负荷运转等；维修维护不良，如设备年久失修、保养不当、设施失灵等（图11-5）。

在生产过程中，物的不安全状态极易出现。所有物的不安全状态，都与人的不安全行为或人的操作、管理失误有关。物的不安全状态既反映了物的自身特性，又反映了人的素质和人的决策水平。

3. 环境因素不佳

不良的生产环境影响人的行为，同时对机械设备产生不良的作用。自然环境中的气温、湿度、气压、光照、空气污染、噪声、风雨等因素发生急剧变化，都会使人难以很快适应，容易产生差错。例如，光线过强会引起炫目效应，使视觉灵敏度下降；光照过低容易引起视觉疲劳；夜间很容易观察的灯光信号，在白天阳光照射环境下容易产生信号失误；噪声过强，言语通信容易受到干扰；高温、低温环境都会使人的操作能力降低，使事故率上升。因此，对异常的物理环境，必须采取防护措施。

4. 管理措施不到位

如前所述，人、物和环境的不安全因素会导致事故的发生，而这些不安全因素往往又是安全管理措施不到位所造成的。可以说安全管理措施不到位是事故发生的深层次原因。

管理措施不到位的主要表现为：规章制度不健全；制度、规章、流程落实不力，管理不严；管理者在思想上对安全工作的重要性认识不足，将其视为可有可无，日常以麻木的心态和消极的行为对待安全工作，安全法律责任意识极为淡薄等。

三、从具体劳动生产场景中看如何避免事故

作为职业院校的学生，不论是专业实习还是面对未来职场，都应该从人、物、环境、管理四因素（图11–6）入手，绷紧安全生产这根弦，只有这样才能防患于未然。下面结合具体劳动场景从三方面谈一谈如何避免事故。

（一）具体劳动中不能忽视的小概率事件

由于小概率事件在一次实验或活动中发生的可能性很小，因此，就给人们一种错误的理解，即在一次活动中不会发生。与事实相反，正是由于这种错觉，麻痹了人们的安全意识，加大了事故发生的可能性，其结果可能是事故频

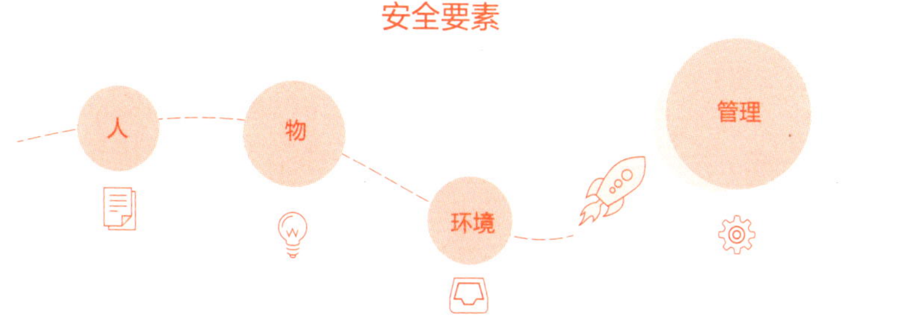

图11–6
安全四要素

繁发生。纵观各类安全事故发生的原因，可以得出结论：“认为小概率事件不会发生”是导致侥幸心理和麻痹大意思想的根本原因。海因里希法则正是强调小概率事件的重要性。

举例来说，机器泵泄漏的油得不到及时清理是生产中的常态，大多数操作工不当回事，认为只是油而已，晚点清理没关系。这就是安全隐患。当泄漏的油30 000次没有及时清理，即使只有10%的概率会使操作工踩到滑倒，那也是3 000个操作工滑倒。3 000个滑倒的操作工中，往往就有300个扭伤脚。300个扭伤脚的操作工中，往往就有30个摔断腿。30个摔得最严重的操作工中，也许就会有一个操作工因此死亡（图11–7）。即使这个概率是1/30 000，对于企业来说，也是极有可能发生的。

从这个统计规律当中我们可以知道，在进行一项工作时，多次发生意外事件必然会导致发生严重的伤亡事故。要预防重大伤亡事故就必须减少或者尽量杜绝微小事故。要注意一些有可能造成事故的隐患或者一些小事故，不然这些微小的事故累积起来，总会造成严重的后果。

海因里希“安全金字塔”揭示了事故预防原理：日常生产劳动中要预防死亡和重大伤害事故，首先要预防轻伤害事故；要防止轻伤害事故，必须先保证无伤害事故；要保证无伤害事故，最重要的是要消除日常不安全行为和不安全

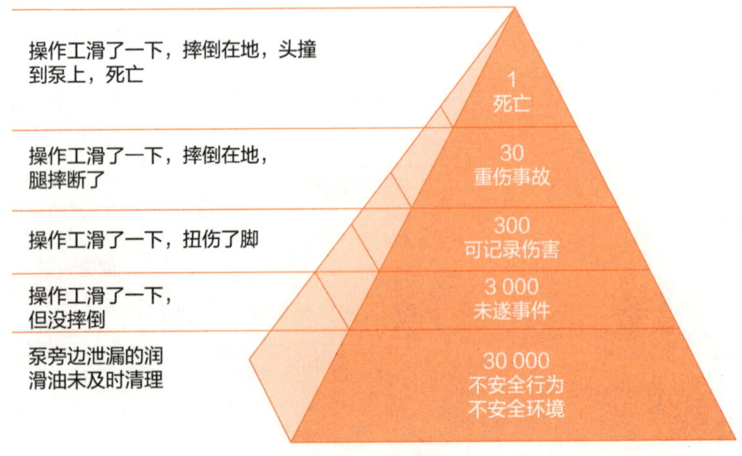

图11–7 海因里希安全法则——金字塔理论

状态。

这些最终都要归到劳动者个人的安全意识和企业的日常管理措施是否到位上来，也就是我们常说的细节管理。只有个人和企业细节管理到位，才能够消除日常不安全行为和不安全状态，这是预防重大伤害事故最重要的基础工作。在实际工作当中，我们需要从细节管理入手，注意日常安全管理工作的落实，努力将安全金字塔最底端的不安全行为和状态降到最低，从而预防重大安全事故。

（二）在安全目标管理中赢得安全

管理缺陷是安全事故发生的一个重要因素。在未来职场中，特别是生产性企业中，一项重要的保证安全的管理就是安全目标管理（图11–8）。安全目标管理就是把一定时期内所要完成的安全指标，分解到各具体部门或个人。各接受安全指标的部门或个人，根据自身系统的安全状况，在管理人员的指导下，采取具体控制措施，对系统中的不安全因素进行控制，以达到预期的安全效果。实行安全目标管理主要应做好以下两方面的工作：

图11–8 落实安全生产责任制

1. 制定安全管理目标

首先要制定企业安全管理总目标。总目标要全面地反映安全管理工作应该达到的要求。这种要求还应具体化为各种目标。例如，职工（劳动者）参加安全教育和安全培训的人数和次数、各类伤亡程度人次率限度、事故引起的工作日和财产损失，以及其他方面的最高或最低限额指标。

2. 检查和考核

在实现安全目标过程中要不断进行检查。对检查中发现的矛盾与问题要分析原因，采取有力措施，及时予以解决。还应对每个部门、每个班组和职工个人执行安全管理的情形定期进行考核和评价。对安全管理中的优秀典型和先进经验要认真总结和推广。只有通过对安全目标管理执行情形的检查考核、评价和奖惩，才能使安全目标管理的作用真正发挥出来。

（三）严格遵守标准生产流程是避免事故的有效手段

在未来的职业中，如果你从事一线生产，那么作为一线生产劳动者一定要坚持并且善于运用流程，经常提醒自己检查在流程上是否有错误。上级没有明确的指示，那就查看流程方面的规定，确定下一步的行动。

建立并严格遵守标准流程是避免事故的有效手段。生产企业每个岗位、每个工种、每项作业都有具体的工作标准，这些标准源于日常生产的具体实践，有的甚至是从血的教训中总结而来。但是，在日常作业中，总有些员工图省事，怎么顺手就怎么干。在他们看来，省一两道工序出不了事，久而久之，看惯了、干惯了、习惯了，就埋下了安全隐患。能否按标准流程作业，关系着个人、企业的生命财产安全，往往一个环节的疏漏、一道作业程序的简化就酿成重大事故。

例如，某建筑施工单位一位施工人员技术熟练、头脑灵活，干活又快又好，但这个人有一个缺点，就是他在操作的过程中经常“开动脑筋”，篡改正常的作业流程。在一次作业中，他由于未按流程规定操作，在工作岗位上跌落下来，造成身体受伤。

实际上，这位施工人员虽然表现得很灵活，但他这种不按标准流程作业的行为是在拿自己的生命当儿戏，是对自己、对家庭、对企业极不负责，我们要引以为戒。

严格按照工作流程办事，认真、认真、再认真，细心、细心、再细心，这样才能使工作中的差错降到最低（图11-9）。只有让标准化流程作业的理念深深植根于劳动者心中，贯穿于日常生产的每一个环节，才能实现安全生产的持续稳定。

图11-9 安全生产，按章作业

拓展延伸

安全事故的“四不放过”处理原则

安全事故的“四不放过”处理原则，其具体内容是：

（1）事故原因未查清不放过。（2）责任人员未处理不放过。（3）责任人和群众未受教育不放过。（4）整改措施未落实不放过。

“四不放过”原则的第一层含义是要求在调查处理伤亡事故时，首先要把事故原因分析清楚，找出导致事故发生的真正原因，不能敷衍了事，不能在尚未找到事故主要原因时就轻易下结论，也不能把次要原因当成真正原因，未找到真正原因决不轻易放过，直至找到事故发生的真正原因，并搞清各因素之间的因果关系，才算达到事故原因分析的目的。

“四不放过”原则的第二层含义也是安全事故责任追究制的具体体现，对事故责任者要严格按照安全事故责任追究规定和有关法律、法规的规定进行严肃处理。

“四不放过”原则的第三层含义是要求在调查处理工伤事故时，不能认为原因分析清楚，有关人员已处理就算完成任务，还必须使事故责任者和广大群众了解事故发生的原因及所造成的危害，并深刻认识到搞好安全生产的重要性，使大家从事故中吸取教训，在今后工作中更加重视安全工作。

“四不放过”原则的第四层含义是要求必须针对事故发生的原因，在对安全生产工伤事故必须进行严肃认真的调查处理的同时，还必须提出防止相同或类似事故发生的切实可行的预防措施，并督促事故发生单位加以实施。只有这样，才算达到事故调查和处理的最终目的。

四、警惕润物无声的伤害

（一）认识职业病

作为职业院校的学生，当我们踌躇满志地面对未来要从事的职业时，除了要树立安全生产的意识外，还要警惕另一种悄无声息的伤害，那就是“职业病”。什么是职业病？在生产劳动中，接触生产中使用或产生的有毒化学物质、粉尘气雾、异常的气象条件、高低气压、噪声、振动、微波、X射线、γ射线、细菌、霉菌，长期强迫体位操作、局部组织器官持续受压等，均可引起职业病，一般将这类职业病称为广义的职业病。其中某些危害性较大，诊断标准明确，结合国情，由政府有关部门审定公布的职业病，称为狭义的职业病，或称法定（规定）职业病。

我国目前法定职业病共10类115种。10类分别为尘肺、职业性放射性疾病、职业中毒、物理因素所致职业病、生物因素所致职业病、职业性皮肤病、职业性眼病、职业性耳鼻喉口腔疾病、职业性肿瘤、其他职业病。其特点是有明确的病因，职业危害因素和职业病之间有明确的因果关系，病因和临床表现均有特异性。

职业病的特点则在于，职业因素可以促使疾病发生和加重，是多种发病因素之一，但不是唯一的直接致病因素，或者职业因素只是诱因和加重因素，其他职业人群也会发生这种疾病；调离职业或改善劳动条件后，该病可以缓解或停止发展；其病因所致临床表现为非特异性的。如从事脑力劳动和紧张作业如司机、售票员、程序员、会计等高血压的患病率明显高于一般人群，出租司机的胃病患病率明显高于一般人群，高温工人高血压的检出率远远高于非高温工作者等。

（二）职业病的危害

职业病危害是指对从事职业活动的劳动者可能导致职业病的各种危害（图

图11-10 职业病目录

11-10）。由于行业的多样性，不同行业在劳动过程中存在的职业危害因素也不一样，根据其来源不同，大致可分成几类。

1. 生产过程中的有害因素

（1）化学因素。有毒物质，如铅、汞，乙烯生产过程中有苯、甲苯、乙基苯、苯乙烯等毒物，生产丁苯橡胶过程中有丁二烯、苯乙烯、高芳烃油、亚硝酸钠、过氧化二异丙苯等几十种；生产性粉尘，如炼油生产过程中有石油焦粉尘，使用催化剂硅酸铝粉（粉尘状）等，催化剂生产过程中有金属粉尘、水泥粉尘等，此外，还有石棉尘、煤尘等。

（2）物理因素。异常气象条件，如高温、高湿、低温等；异常气压，如高气压、低气压；噪声、振动；非电离辐射，如可见光、紫外线、红外线、射频、微波、激光；电离辐射，如X射线、放射性同位素仪表产生的γ射线等。

（3）生物因素。如附着在皮毛上的炭疽杆菌、蔗渣上的霉菌等。

2. 劳动过程中的有害因素

（1）大检修或抢修期间，易发生劳动组织和制度不合理，劳动作息制度不合理等。

图11-11 职业病的危险因素

（2）精神紧张。自动化程度高，仪表代替了笨重的体力劳动和手工操作，也带来了精神紧张问题。

（3）劳动强度过大或生产定额不当。如安排的作业与职工生理状况不相适应等。

（4）个别系统或器官过分紧张，如视力紧张等。

（5）长时间处于某种不良体位或使用不合理的工具等。

图11-12 生产环境的危害

3. 生产环境中的有害因素

生产环境可以是大自然的环境，也可以是按生产过程的需要建立起来的人工环境（图11-11）。生产环境中的职业危害因素（图11-12）包括：

（1）自然环境中的因素，如炎热季节的太阳辐射。

（2）房屋建筑或布置不合理，如有毒工段与无毒工段安排在一个车间。

（3）由不合理生产过程所致的环境污染，如氯气回收、精制、液化岗位产生的氯气泄漏，有时造成周围10～20m环境的污染。

（三）未来职场中如何应对职业卫生风险

面对未来所从事职业可能出现的职业卫生风险，我们踏入职场前，首先就要了解自己所在行业和所在岗位的职业病危害因素的有关知识。我们可以从生产工艺、生产设备等角度查阅所在行业、所在岗位的职业病危害因素情况，主要是了解整个大环境的职业病危害严重性。其次，了解接触上述职业病危害因素的危害性及防护措施。劳动者只有在知道其危害性的严重性才会引起重视，关注自身身体的健康变化（自我感觉和体检发现），当身体出现有和所接触的职业病危害因素引起的伤害类似的时候，才能及时发现和及时处理，避免所受伤害进一步加剧。了解相应的防护措施，以便采取合适的防护以保障自己的职业健康和职业生涯；同时，可对用人单位不采取防护或采取的防护未达到有效职业病防护的行为向用人单位或卫生行政部门进行申诉，以督促用人单位加强职业病防护。最后，做好职业健康检查。对于有职业病危害的岗位，作为劳动者的我们要进行岗前、在岗定期职业健康检查，如检查发现存在职业禁忌症者，应要求调离原职业病危害岗位，以减少职业病的发生；如发现疑似职业病症状，应及时申请职业病诊断及治疗。当发现身体有异常变化，我们也可向用人单位提出申请应急检查，查看身体是否存在职业病或其他异常。对于某些潜伏期长的职业病危害作业，劳动者不再接触原职业病危害因素后，如身体有不适，仍要进行体检；比如有些尘肺病患者，在脱离粉尘作业十几年后才被查出患有尘肺病。

〔行〕之有〔效〕

行 把好生命的方向盘——全国劳模矫立敏的事迹（节选）

矫立敏，全国劳动模范，青岛公交集团员工，百万公里无事故。他根据多年行车经验总结了安全节能行车工作法，被命名为“立敏工作法”。

为了做到行驶安全、平稳，矫立敏向全线职工提出了不开快车、不开带病车、不开斗气车、不开英雄车“四不开”的倡议；做到“四不放过”，也就是对车辆异常响声、异常气味、异常抖动、异常温度不放过，始终做到安全警钟长鸣。福州路立交桥下曾经有一段引桥阻隔了驾驶员视线，而行人或摩托车易从桥墩处横穿马路，稍有不慎就会酿成车毁人亡的悲剧。矫立敏利用班会和一切可能的时机，一再给每一位同事讲清楚这一路段的危险性，使同事们行驶到那里时高度警惕。有一年冬季的一天，由于桥下的一处消防栓被撞，地面成了冰面。一名骑自行车的人在冰面上突然摔倒，矫立敏紧急刹车。当车停下时，离这名骑车人只有两米的距离。高度的安全意识和预见性使矫立敏在多年的驾车中避免了一起又一起事故。矫立敏总是带着这样一份小心上路，从事驾驶员工作25年来，创下了累计安全行驶里程达到百万公里的纪录。矫立敏常说，作为一名公交车驾驶员，自己掌握的不仅是方向盘，还掌握着全车乘客的生命财产安全，因此时刻要绷紧安全这根弦，在面对日益复杂的路面环境时，一定要不急不躁，要有底气、有耐心。

效 矫立敏在工作实践中，不断总结安全驾驶经验，形成了一套建立警钟长鸣的安全意识、排查车的不安全因素、准确预判不良环境等安全行驶的方法。这也正是矫立敏在自己的职业生涯中能够实现安全驾驶百万公里无事故的原因。矫立敏的案例证明了只有时刻绷紧安全意识这根弦，及时消除各类安全隐患，才是确保安全生产的有效办法。

思之有得

思 在劳动生产实践中职业安全素养是十分重要的一种职业素养，包括树立安全生产意识、做好自身的职业卫生防护等。这种素养也是一个劳动者必备的素质，对企业、对家庭、对社会都是一种责任和义务。

得

对于一名职业院校的学生来说，具备安全生产观念和职业劳动卫生知识是职业安全素养的具体表现，这一素养也是一种必不可少的职业道德品质，不仅关乎着生产创造，更关乎着自己和他人的生命安全。强调劳动安全，从根本上是为了保护广大劳动者的人身安全，保护国家、集体及个人财产不受损失。为了实现这一目的，每一名职业院校的学生都需要树立安全生产观念和了解职业劳动卫生知识。

通过本章学习，同学们应该认识到安全生产事故发生的人、物、环境、管理几个要素所起的作用，其中对人是导致事故发生的根本原因，人造成事故的几种心理状态有了认识，也对今后职场中避免事故的一些手段有所了解。此外，同学们应该对职业病有一个初步认识，并了解如何应对未来职场中可能遭遇的职业病危害。

第十一单元
交互式测验

第十二单元

建立健康心理的“调节室”

学习目标

素养目标

从劳动育“心”角度进一步树立正确的劳动价值观（图 12-1）。

形成健康的职业心理，进而为实现职业理想奠定基础。

具备职场中工作压力调节管控的能力。

知识目标

了解劳动在健康人格形成中的作用。

认识“情绪劳动”和“工作压力”的概念及特点。

掌握职业压力管理及调适方法。

图12-1 快乐工作，成就梦想

〔言〕之有〔理〕

言 **我觉得人生求乐的方法，最好莫过于尊重劳动。一切乐境，都可由劳动得来，一切苦境，都可由劳动解脱。**

——李大钊

理 劳动能让你在快乐中成长。当今世界，物质得到极大丰富的同时，人们对待劳动的态度也出现了不同程度的问题，特别是近来社会上出现诸如“躺平族”“啃老族”这样的群体。学生中很多心理问题也与其“养尊处优”“四体不勤”的成长经历有一定关系。劳动能给人带来充实感和满足感。通过参加劳动，可以使学生接触自然，了解更多的自然知识，体验播种、收获的快乐，扩充知识库，促进学生更加了解生活，培养独立生活的能力。劳动跟体育锻炼一样，能激发大脑分泌多巴胺，多巴胺是大脑释放的“快乐分子”，人们在付出努力之后，可以收获愉悦的心情，从而产生一种快乐感。

即将踏入职场的学生，在积极参加劳动实践的同时，也要了解职场中职业压力对心理健康的影响，不能因为压力大选择“躺平”，应该管控好职场压力，为实现自己的职业理想而奋斗。

〔求〕之有〔道〕

求　**劳动促进健康人格形成的途径有哪些？什么是情绪劳动？如何应对工作中的压力？**

道　一、劳动如何育“心”

人类源自自然，但在物质文明和精神文明的发展过程中，人类逐渐脱离了一些大自然赋予人类的基本能力，忽略了与自然的交流，从而也出现了不少心理问题。在当今高度文明的社会，人类回归“自然”的最好形式应该就是劳动。劳动使人的身心得到全面均衡的发展，重新体验自然之爱。劳动不仅是一种个体活动，更是一种社会活动，它通过竞争与合作的方式，增强人们之间的交往。这种交往是多向的，同时也是一种社会情感体验。

“心”是情感、意志和价值观的体现，也是完成人格塑造和道德形成的最终阶段。因此，劳动对“心”的教育比道德或价值观教育范围更广。劳动之心需要磨炼，在不断的劳动实践中塑造出健康的人格。

（1）劳动可以锻炼人的身心素质。一定的体力劳动可以增强身体的免疫力；增加心血管机能，减少精神上的紧张，增加自我效能，提高自信心，降低沮丧感。定期劳动，既能强身健体，又可以很好地调整心态。

（2）劳动锻炼可以培养独立的人格，提高社会适应能力。在劳动实践中，劳动者会产生获得感和成就感，并深刻体会到任何成果都必须付出汗水和辛苦。有研究表明，经常参加家务劳动的学生往往独立、自信、受欢迎、适应能力强，在住寄宿学校、军训期间能够快速适应环境，而长期不参加家务劳动，会让人产生依赖心理和形成懒散的习惯。

（3）劳动锻炼可以培养合作意识，促进人际关系和谐。人际关系是影响人心理健康的重要因素，良好的人际关系能增强人的自信心。互相团结、互相关心、互相帮助能够给人以幸福感、安全感、获得感，达到一种和谐的生活状态。当今社会劳动的重要特点就是分工合作，学会合作是社会对每一位劳动者提出的必然要求。而劳动是体现合作的重要方式。当遇到某些复杂的劳动时，通过合作共赢，确保任务顺利完成，同时也增进劳动者之间的情感交流，提高心理健康水平。

（4）劳动可以释放心理压力。心理压力即精神压力。现代生活中充满了各种压力，主要来自家庭生活、人际交往、工作、学习等方面。如果压力过大就会对身体健康带来许多负面影响。现代医学证明，心理压力会削弱人体免疫系统，损害身体健康。而通过劳动，可以放松身体，释放压力，缓解心理紧张情绪，从而提高自身的心理健康水平。

（5）劳动可以培养人的社会责任感。一个心理健康的人一定是与社会和睦共处的人。劳动可以使人学会付出，为家庭、为班级、为学校、为社会付出，可以培养其家庭责任感、集体荣誉感和社会使命感。心理学家阿德勒认为，一个人追求卓越的目标应该是实现自己的社会价值，这可以产生很大的创造力和价值感。当我们不断追求卓越时，会更容易立足社会，适应社会。

（6）适量劳动可以使人快乐（图12–2）。美国哈佛大学历时40年研究得出结论：童年时参加过劳动的人，即使是简单的家务劳动，比小时候从不劳动的人生活得快乐。同时研究表明，孩子们童年时的活动与成年后的情况有着惊人的关系。那些童年劳动得分最高的人，成年后交友广泛的可能性高10倍，获得高薪的可能性大4倍，失业的

图12–2 我劳动，我快乐，我成长

可能性少15倍。积极投身劳动，能促进心理健康发展。

二、情绪劳动与心理健康

（一）何谓“情绪劳动”

人的精力消耗以使用的目的来分类，分为三种：体力劳动、脑力劳动和情绪劳动。体力劳动和脑力劳动，我们很容易理解。近年来职场中“情绪劳动”以及与心理健康的关系也成为研究和关注的热点。面对未来的职业挑战，同学们有必要了解“情绪劳动”。

心理学家曾做过的一个实验：请两组受试者待在同一房间内，一组吃的是萝卜，另一组吃的是饼干；之后再请受试者接受数学解题测验，结果发现后者的表现较前者显著为佳。那是因为吃萝卜的受试者，被饼干的香气诱惑，花了额外的能量控制自己想吃的欲望，解题时大脑需要使用的能量储备较为不足所致。

“情绪表达”（Displayed Emotion）与真实的“情绪感受”（Felt Emotion）差异愈大，人需要消耗在“情绪劳动”的能量也会愈高。

在职业场景中，特别是在服务性行业中，如服务员、医生、护士等因为职业要求（图12-3），不管自身所处的情绪如何，工作时都要表现出礼貌、专业、有耐心等，因此同样的工作量造成的疲累，相较于不需要情绪劳动的工作要高得多。情绪本是一种自然的反应，但当你进行有意识的控制时，情绪成为一种“努力”，就成了一种付出。

情绪劳动的三个特征：①情绪劳动不仅是一种情绪或心理能量的耗费，更是一种过程而非结果；②情绪劳动的目的是展示出符合组织规则的情绪表现；③情绪劳动要遵循的

图12-3 服务行业的“情绪劳动”

情绪规则是组织规定的。

情绪劳动作为出色工作绩效的一个关键成分日益重要起来，因此，在组织行为领域，越来越强调对情绪的理解。

（二）心理健康的常见问题

1. 情感耗竭

即情绪劳动者由于角色负担过重、角色冲突强烈等问题而心情烦闷，甚至长期精神压抑，感觉自己已经被“掏空”，无法持续付出的状态。

2. 去人格化

即在情绪劳动频率过高、持续时间较长的服务中，劳动者容易将服务对象当作一个需要服务的物体而不是活生生的人看待。

3. 工作满意感降低

工作没有劲头，提不起精神，离职倾向明显。

4. 角色分离

长时间高强度的情绪劳动可能导致员工的工作角色与其自身的感受出现分离与脱节，员工不能表现自己的真实情感，使得顾客体会到的只是一种职业化的服务，而不是一种发自内心的关怀。

5. 角色冲突

服务性行业的制度往往会内化为员工个人的行为准则。员工下班后，如果不能及时转换角色，就会导致工作状态下和生活状态下的角色冲突。会把消极情绪带回家，影响家庭的氛围与和睦。

（三）如何让“情绪劳动”不过劳

情绪劳动的核心要素就是工作期待你表现出来的情绪和你的真实情绪感受并不总是一样的。例如，作为一名服务行业的从业人员，礼貌的行为和时刻保持微笑非常重要。即使哪天心情不好，你也知道自己应该在见到顾客时打起精神。就算你的工作不是服务性质的，你也会付出情绪劳动。我们每天都不得不进行很多情绪劳动，如何让“情绪劳动”不过劳？

首先，我们要学着找到影响情绪变化的真实原因。我们很多时候只知道自己很累，很疲倦，但是不知道自己为什么会这样，这是因为从来没有去察觉自己的情绪变化。比如，职场中客户、同事的一些行为会让我们难过、生气，可我们内心不愿意承认，认为这样显得自己不成熟或太计较。这时如果能察觉到自己用理智对抗情绪，付出了情绪劳动，就能明白自己的反应是人之常情，如果和别人交流会发现，很多人都有相同或类似的感受。

其次，感受自我情绪变化，让情绪自然表达。令每个人有较大情绪反应的事都不太一样，如果你每次都把让自己情绪波动的事情以及自己当时的应对方式记录下来，就能够了解自己可能会在什么情境下出现强烈的情绪，并觉察自己常用的应对方式是不是压抑或回避情绪。如果发现自己的应对方式未能改善自己的心情时，你就可以考虑找一个时间去面对和完整地感受它。压抑情绪会让它们不断积攒，直至爆发；允许自己去感受情绪，让情绪得以自然流动，就不会小溪汇聚成大河。

最后，通过调整自己的认知来改变自己的情绪感受，而不是一味控制情绪表达。控制情绪表达就是假装开心，隐藏坏情绪。很明显，此时的“情绪表达”和“情绪感受”差别大，情绪劳动成本高。而调整情绪感受是从内心深处说服自己，意识到坏情绪并不是自己唯一的选择，从而引发自己的正面“情绪感受”，与职场要求的“情绪表达”一致，情绪劳动成本也随之降低。很多时候，情绪都是由想法引起的，而不是事件本身。在强烈情绪的驱动下，我们往往把自己的想法当成事实，并深信不疑。比如“领导是在故意刁难我”的想法会令你非常生气、委屈，但这个想法不一定是事实，事实有可能是“领导对下属要求既是对工作负责也是对下属寄予期望”。把想法由前者换成后者，你的情绪感受是不是由负面变成正面了？所以，情绪也是可以主观选择的，通过改变认知可以改变情绪感受。

三、如何应对职场中的“压力山大”

（一）什么是职业压力

职业压力是指与工作相关的压力，通常出现于工作要求和工作控制的冲突之中。一般说来，高工作要求和低控制能力是产生职业压力的关键因素。

《2017中国城镇居民心理健康白皮书》发布。白皮书分析了全国约112万名城镇人口的心理健康数据。73.6%的人处于心理亚健康状态，存在不同程度心理问题的人占16.1%，心理健康的人仅占10.3%。另一项针对职场人群压力情况的调研结果显示，在参与调研的22 935名职场精英（工作2年以上，年薪超过10万元）中，67%的职场精英压力较大，接近或超出承受范围，每25人中就有1人受到与压力相关的疾病困扰，轻则疲惫消极，严重的就是抑郁症。同时，职场精英面对压力重视程度不够，不能做到及时有效的缓解。[1]我们未来的职业生涯中，每个人也必然或多或少地感受到职业压力。下面一起来揭开职业压力的神秘面纱。

职业压力会给我们带来哪些不良行为表现呢？职业压力会导致职业人员努力达到工作要求的勤奋减少，职业满意度下降，缺乏工作动机或创造力，工作效率下降，事故增加，采用不上班、“生病”请假、饮酒、漠然等负性应对方式增加，员工岗位或工作更换频繁。职业压力降低个体总体健康水平，且对生理、心理、社会、行为等有着多方面的影响。

综上所述，如何降低职业压力，减少负性生活事件对职业人员身心健康和行为的影响，是劳动者和用人单位必须面对的问题。

（二）职业压力来源

职业压力的来源具有多样性、多方面的特点，一般认为有以下几方面：

1　资料来源：人民网，有改编。

（1）与职业有关的因素，包括：工作量过大或不足；工作节奏过快或单调；工作自主性不够；工作环境不佳，如噪声、空气质量等；

（2）在机构中的角色，包括：角色冲突（与职业要求的冲突，如多个上级）；角色的含糊性（缺乏清晰的工作责任、期望等）；责任的程度与水平等。

（3）职业发展，包括：提升不足或过度提升；职业安全感（担心在工作中被认为多余或缺少任务或工作）；职业发展机会及其竞争情况等。

（4）工作中的人际关系，包括：与上级、同事和下属的关系；工作中的暴力威胁、骚扰等。

（三）职业压力管理的策略

职业压力管理就是将人的压力程度调到最佳点，以达到最佳绩效，同时避免受到与过度压力有关的心理与身体伤害的过程。压力与工作绩效呈倒U型的关系（图12–4），压力太小不利于激发劳动者的工作动力，压力过大又使劳动者被压抑，导致不能得到高的绩效，所以要有适当的压力才能有好的工作绩效。压力管理过程包括：评估自己在压力–绩效曲线上的位置，以寻找潜在的压力源；选择并应用能恰当地改变压力程度和影响的策略，并评估策略的有效性。

如何有效地管理和释放工作压力，甚至变压力为动力呢？我们不妨尝试以下几种方法和策略。

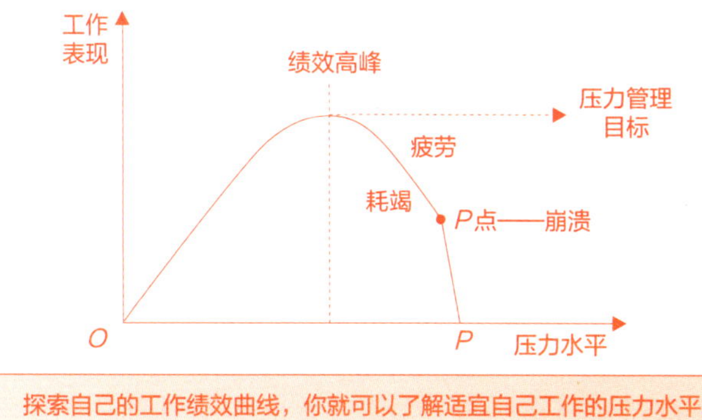

图12–4 压力–绩效倒U型图

1. 勇于做个“挑战者”

有时工作压力的产生很大程度上来自于你对某些困难事情的逃避。但当你勇敢地迎接挑战，哪怕是勇敢地迈出一小步，你就会体会到原来没想象那么难，这样你就会信心倍增，从而就减轻了压力。

2. 坚决不做“完美主义者”

在职场中，当有数不清的工作涌来时，只要尽心尽力做好每一件事，即使没能达到预期效果，也不用自怨自艾，一个求全责备的“完美主义者”会让你背负不必要的压力。

3. 做一个完美计划的“制定者”

面对千头万绪的工作，无形的压力有时会让你喘不过气。这时就要做一个计划的“制定者”。当一个人有完美的计划表，而且正在逐步实施时，就不会产生无谓的压力。因为，一切尽在掌握之中。计划表是一个很好的“监督者”——盯着你每一个目标的实现，当你心里有底时，也就没有了压力。

4. 学会做一个压力“倾诉者”

敞开心扉，多与亲朋好友聊天，必要时还可以与上司谈心。当你将工作中的压力抒发出来的时候，必然会得到对方的关爱、回应和鼓励，甚至会得到很好的建议，这样压力自然就被化解了。

5. 做劳逸结合的“运动者”

每一段高强度的工作之后就要主动休息一下以缓解紧张的身心，最好的主动休息方式就是有氧运动，如慢跑、游泳、瑜伽等都是很有效的减压有氧运动。除此之外，合理的饮食与作息、戒烟限酒、心态平衡等健康生活方式也能抵消一些职场压力。

6. 尝试做打破现状的“创新者”

当你感到一成不变的工作让你感到倦怠时，你不妨设法创新新的工作方法或者主动要求多负担一些责任，或者自己去学习充电。总之，要对自己的状态进行调适，但关键还是要通过积极创新去发现工作中的乐趣和成就感，保持工作热情，缓解来自职业倦怠的压力（图12-5）。

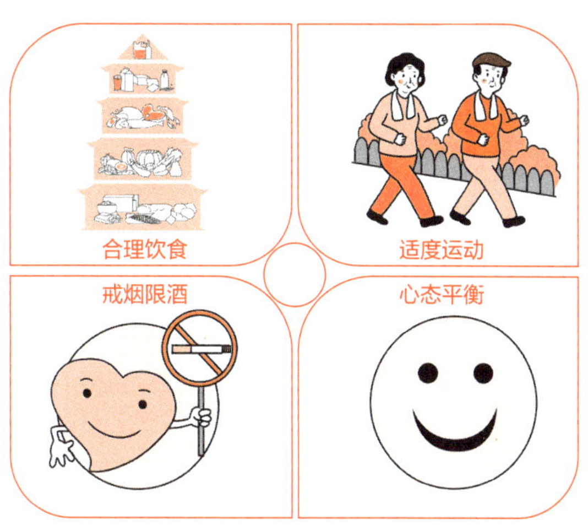

图12-5 有助于缓解职业压力的健康生活方式

我们也应该认识到，压力的作用并不都是消极的、有害的。根据心理学家的研究，适度的压力可以使人集中注意力，提高忍受力，增强机体活力，减少错误。因为适度的压力能促使人体内产生一系列积极的生理变化，有利于机体用较多的能量来应付当前的问题。因此，压力也可以看作机体对外界的一种调节的需要，而调节则往往意味着成长。如果人们能够正确地认识压力，采用有效的措施积极地管理压力，不断地提高自己的应付能力，那么一定可以在拥有成功事业的同时，也拥有健康的体魄和愉悦的心情！

思想碰撞

测一测　心理压力的自测

心理压力的自我检查，可根据一份自测表来测试。这个表列举了30项自我诊断的症状，如在这些症状中，你出现了5项，属于轻微紧张型，只需多加留意，注意调适休息便可以恢复；如有11~20项，则属于较为严重紧张型，就有必要去咨询心理专业人士；倘若在21项以上，那么就会出现适应障碍的问题，这就需要引起特别的注意。这30项自我诊断的项目是：

1. 经常患感冒，且不易治愈。
2. 常有手脚发冷的情形。
3. 手掌和腋下常出汗。
4. 突然出现呼吸困难的苦闷窒息感。
5. 时有心脏悸动现象。
6. 有胸痛情况发生。
7. 有头重感或头脑不清醒的昏沉感。
8. 眼睛很容易疲劳。
9. 有鼻塞现象。
10. 有头晕眼花的情形发生。
11. 站立时有发晕的情形。

12. 有耳鸣的现象。
13. 口腔内有破裂或溃烂情形发生。
14. 经常喉咙痛。
15. 舌头上出苔。
16. 面对自己喜欢吃的东西，却毫无食欲。
17. 常觉得吃下的东西像沉积在胃里。
18. 有腹部发胀、疼痛感觉而且常下痢、便秘。
19. 肩部很容易坚硬酸痛。
20. 背部和腰经常疼痛。
21. 疲劳感不易解除。
22. 有体重减轻的现象。
23. 稍微做一点事就马上感到很疲劳。
24. 早上经常有起不来的倦怠感。
25. 不能集中精力专心做事。
26. 睡眠不好。
27. 睡觉时经常做梦。
28. 在深夜突然醒来时不易继续再睡着。
29. 与人交际应酬变得很不起劲。
30. 稍有不顺心就会生气而且有不安情形发生。

〔行〕×之有×〔效〕

行 暖镜头：“躺平”不能“躺赢”，愿你平凡而不凡

你今天“躺平”了吗？面对压力，躲进舒适圈不失为一种疏解压力的选择，“躺平”可理解，但请一定“站起来”！面对艰难，总有一群年轻人在微笑着迎接生活的挑战，日日夜夜，平凡的他们都在走向属于自己的“不凡”。

镜头一：不想给自己留下遗憾，我就相信自己一定能行

人物姓名：王威

职业：高考生兼职外卖小哥

本次前进目标：考取自己理想的大学

“你听说没？有个外卖小哥，今年高考考了623分，太厉害了！”近日，

各地高考陆续放榜，湖北襄阳一位外卖小哥火了。引发热议的同时，他并没有停下来，依然每天忙碌在送外卖的路上。他叫王威，这是他第二次参加高考。他曾就读于中国农业大学，中途退学后打过几份工，“感觉还是想找到自己喜欢的方向，人生也会有更多选择”。他表示。9月开学前，会一直送外卖。“感觉不能这么闲着，看到路上很多外卖小哥，挺充实挺忙碌的样子，我就动了送外卖的心思。”学生到外卖小哥，他体验着学业与职业的双重历练，生而平凡，他相信，奋斗是守护自己梦想的唯一途径。

镜头二：把自己的梦想和祖国的需求结合在了一起，这是一种幸福

人物姓名：张维星

职业：工程师

本次前进目标：顺利完成每一次航天发射任务

“嫦娥”问月、“北斗”指路、“天宫”揽胜……宇宙浩瀚星空，留下了越来越多青年人的足迹。“天舟二号”发射后的第二天，工程师张维星便开始对塔架上近千根供气管路和电缆、上万颗螺钉做定期检查。1990年出生的他，6年参加了15次航天发射任务。“脚踏大地，仰望星空，逐梦太空，永不止步”是航天人的誓言，作为共产党员，张维星明白，颗颗螺钉连着航天事业，小小按钮关乎民族尊严。他说，自己很幸运，儿时的梦想连接祖国的荣光，航天事业是一场接力赛，要牢记老一辈科学家的信念，我们的征途是星辰大海！

镜头三：“工匠精神就是把一件事情做到极致，做到精益求精”

人物姓名：母永奇

职业：中铁隧道局隧道股份有限公司盾构主司机、隧道工高级技师

本次前进目标：开启城市发展的“加速度”

盾构机是当前隧道及地下工程施工领域的主流装备，“中国青年五四奖章”获得者母永奇的日常工作，就是驾驭这一“大国重器”。在幽深的隧道中，在不足3 m^2的控制室里，面对高温、粉尘、潮湿和噪声，母永奇每天都要坚守10个小时以上，一坚守就是3 700多个日日夜夜。他带领青年团队成立“母永

奇盾构机操作技能大师工作室”，获创新成果34项。他主持的全断面砂岩地层大直径泥水平衡盾构常压刀盘、刀具适应性研究，使我国盾构掘进相关技术跃入国际领跑行列。他也许是世界上驾驶速度最慢的司机，却闯出了百姓出行、城乡发展的“加速度”。他说：“无奋斗，不青春。我下定决心，一定要把盾构技术学懂弄通，让自己的青春在主司机岗位上绚丽绽放！”“躺平”不能“躺赢”，愿你平凡而不凡！

效 面对充满竞争的当今社会，作为一名青年人，你是选择“躺平”而荒废青春还是选择勇往直前，不负韶华？现实生活中有很多青年人用实际行动谱写了绚烂动听的“青春之歌”，给了我们正确的答案，那就是在奋斗中成就自我，在平凡中实现不凡。

在日常工作和生活中，我们需要学会放下来自各个方面的压力。当你工作了一天疲惫地回到家里、宿舍，不妨将工作中的压力抛到一边，去好好地休息和放松。因为只有这样，我们才有时间重新振作精神，再次挑战新的压力。

〔思〕×之有×〔得〕

思 面对未来的职业生涯，如何应对职业压力，进而实现自己的职业梦想？

得 劳动对人身心的发展起着至关重要的作用，同时劳动者的心理因素又会对其生活状态和职业发展产生影响。通过本章的学习，我们应认识到劳动在健康人格的塑造中起到的作用，充分了解劳动的育“心”功能，从而进一步坚定信心，树立积极的劳动价值观。作为一名职业院校的学生我们应积极投身到劳动实践中，从而使身心实现健康发展。未来的职业生涯中，我们不管是面对体力劳动、脑力劳动还是情绪劳动，必定会有不期而遇的工作和职业压力，我们应正确认识这些压力，通过有效的手段应对和管理好这些压力，以高昂的精神面貌迎接工作和生活中的挑战，通过不懈的劳动实践争取职业成绩，在工作实践中实现自己的职业梦想，拒绝“躺平”，不负青春、不负韶华。

第十二单元
交互式测验

参考文献

【1】张全磊，张鲁杰．目标零事故：企业安全管理实操手册[M].北京：人民邮电出版社，2015.

【2】王俊杰.安全高于一切：做不到安全生产的企业不是好企业，不懂得自我保护的员工不是好员工[M].北京：京华出版社，2011.

【3】陈浩.生命高于一切[M].北京：中国华侨出版社，2012.

【4】刘干才.劳动职业预防知识读本（安全预防与平安生活）[M].奎屯：伊犁人民出版社，2015.

【5】邢雷，朱军梅，张小斐．员工心理学（超级漫画版）[M].北京：企业管理出版社，2016.

【6】李红．实用劳动心理学[M].广州：暨南大学出版社，2008.

【7】李珂．中国劳模口述史（第一辑）[M].北京：社会科学文献出版社，2018.

【8】李珂，吴麟．中国劳模口述史（第二辑）[M].北京：社会科学文献出版社，2019.

【9】李珂，吴麟．中国劳模口述史（第三辑）[M].北京：社会科学文献出版社，2019.

【10】檀传宝.劳动创造美好生活[M].北京：中国劳动社会保障出版社，2019.

【11】李珂.嬗变与审视——劳动教育的历史逻辑与现实重构[M].北京：社会科学文献出版社，2019.

【12】李珂.劳模精神[M].北京：中共党史出版社，2020.

【13】乔东，李海燕.劳模精神、劳动精神、工匠精神学习读本[M].北京：中国工人出版社，2021.

【14】刘建军.工匠精神[M].北京：中共党史出版社，2020.

图书在版编目（C I P）数据

劳动教育与职业发展 / 李珂, 汪鑫主编. -- 北京 :
高等教育出版社, 2021.11（2023. 1 重印）
ISBN 978-7-04-057262-9
I. ①劳… II. ①李… ②汪… III. ①劳动教育-高
等职业教育-教材 IV. ①G40-015
中国版本图书馆CIP数据核字(2021)第227947号

劳动教育与职业发展

Laodong Jiaoyu yu Zhiye Fazhan

出版发行　高等教育出版社
社　　址　北京市西城区德外大街4号
邮政编码　100120
印　　刷　中煤（北京）印务有限公司
开　　本　787mm×1092mm 1/16
印　　张　13.5
字　　数　230千字
购书热线　010-58581118
咨询电话　400-810-0598
网　　址　http://www.hep.edu.cn
　　　　　http://www.hep.com.cn
网上订购　http://www.hepmall.com.cn
　　　　　http://www.hepmall.com
　　　　　http://www.hepmall.cn
版　　次　2021年11月第1版
印　　次　2023年1月第2次印刷
定　　价　46.80元

策划编辑　李聪聪
责任编辑　李聪聪
封面设计　赵　阳
版式设计　赵　阳
插图绘制　杨伟露
责任校对　刘　莉
责任印制　存　怡

物 料 号　57262-00